LEARN ODIA IN 30 DAYS THROUGH ENGLISH

Krishna Gopal Vikal

Amitabh Dhingra

DIAMOND BOOKS

www.diamondbook.in

Publisher : **Diamond Books (P.) Limited**
X-30, Okhla Industrial Area,
Phase-II, New Delhi-110020
Phone : 011-40712100
E-Mail : sales@dpb.in
Website : www.diamondbook.in
Edition : 2017
Printer : Adarsh Printers, Shahdara, Delh-32

Learn Odia in 30 Days Through English
by Krishna Gopal Vikal

FOREWORD

The greatest sensation of life is to learn a language. One has to closely watch a child going through this experience, to be convinced of this. Every time he learns a new word or construction from mother, father or other relatives, his heart is filled with wonder, excitement, thrill and creative urge and he toys with its various forms and tones bringing into play all the creative forces within him.

To learn a new language is to re-enter this wonderful experience of life, opening infinite opportunities for creative action. Besides, in a fast expanding world transcending all barriers of colour, caste, religion and language, a new language is an essential tool of life.

The book primarily attempts to introduce those whose mother tongue is not Odia to learning of Odia by the most natural and the simplest method. It adopts the scientific approach, introducing alphabets, words, sentences in that order and application of these in the most common situations of daily life. Situational sentences and conversational sentences selected for the book reflect the maximum possible commonness of Indian languages and Indian culture. The purpose is that the learner during the process of learning should be sufficiently equipped to converse and transact with a very vast section of Odia speaking people throughout Odisha and abroad.

Since Odia is mother-tounge of about 5 crores of people and is spoken or understood by another 1 crores or so and since it is the principal language of one of the beautiful state of India, acquaintance with this not only enables one to establish a direct communication with millions of people, thereby promoting his career prospects and business interests, but also gives him the spiritual satisfaction of belonging to a vast family.

The book can also be helpful to foreigners who are on visit to Odisha as tourists, scholars, diplomats and businessmen as it would enable them to move about in different parts of the state transending the language barriers.

We hope the book will serve the purpose. It will be popular among the youngsters as well as the serious language learner. We are grateful to Shri Narendra Kumar, Director of Diamomd Books, who has wisely taken special initiative to bring out this very useful series. We also express our gratitute to the persons concerned with proof-reading, printing and production of the book.

– Krishna Gopal Vikal
Amitabh Dhingra

A WORD FROM THE PUBLISHER

We are glad to announce that with a view to strengthening the unity of our country, we shall be publishing the book-series 'LEARN THE NATIONAL LANGUAGES' to enable people of this country to learn any Indian language other than his mother tongue, through the medium of English.

Each book of the series will be divided in five parts. The first two parts will cover the basic knowledge about the language concerned and the rest will be devoted to conversational aspects and practical application of the language.

The books will be prepared under the able guidance of the well-known author and editor of several books, Shri Krishna Gopal Vikal, who is the chief editor of this book and he will be assisted by Shri Amitabh Dhingra. Format and scheme of all books will be the same as that of this book and each book will be prepared in close consultation with the topmost linguists of the language concerned.

We hope this series will bring together the people of various parts of our country promoting mutual understanding and fostering national unity.

- Narender Kumar Verma
nk@dpb.in

CONTENTS

PART 1 : ALPHABET

IST STEP ୧ମ ସୋପାନ

WELCOME YOU ALL
ଆପଣମାନଙ୍କୁ ସ୍ୱାଗତ

This book is in your hands.

It shows that you intend to learn Odia. It is a matter of pleasure to us.

Odia is a language mostly spoken in Odisha and also in other parts of the world where the Odia people are living. Odia language has a vast and rich literature.

We welcome you all for your praiseworthy enthusiasm and fully assure you of success. You will move on continually–step by step until you reach your destination. Let us start our journey.

Sentences of Greetings in Conversation

In Odia, there are no separate clauses for timely salutations as in English, e.g., 'Good morning', 'Good evening', 'Good night' etc. We say every time we meet ନମସ୍କାର (Namaskār) or ପ୍ରଣାମ (Pranām), etc. The people of different religions and faiths alternatively use their own words also, e.g., ରାମ ରାମ ! ଜୁହାର ! ସତ୍ ଶ୍ରୀ ଅକାଲ ! ସଲାମ ଆଲେକୁମ, etc.

***While meeting* ଦେଖାହେଲେ**

Good morning, Sir! ନମସ୍କାର, ମହାଶୟ ! Namaskār, mahāshay!

Good morning! Madam	ନମସ୍କାର, ମହାଶୟା !	Namaskār, mahāshayā!
Good afternoon, my friend!	ପ୍ରଣାମ, ମିତ୍ର !	Pranām, mitra!
Good afternoon, my brother!	ପ୍ରଣାମ, ଭାଇ !	Pranām, bhāī!
Good evening, boss!	ନମସ୍କାର, ମହୋଦୟ !	Namaskār, mahodaya!
Good evening, my comrade!	ପ୍ରଣାମ, ବନ୍ଧୁ !	Pranām, Bandhu!
Good night, my sister!	ଶୁଭରାତ୍ରି, ଭଉଣୀ !	Shubharātri, Bhaunī!

While departing **ବିଦାୟ ନେଲାବେଳେ**

Good bye, my child!	ବିଦାୟ, ପିଲାମାନେ !	Vidāya, pilāmāne!
Bye bye!	ବିଦାୟ !	Vidāya!
Ta-Ta!	ବିଦାୟ !	Vidāya!
Good bye!	ଶୁଭ ବିଦାୟ !	Shubha Vidāya!

Good wishes **ଶୁଭକାମନା**

Happy Diwali!	ଶୁଭ ଦିପାବଳୀ !	Shubha Dipābaḷī!
Happy Id!	ଈଦ୍ ର ଶୁଭେଚ୍ଛା !	Id ra subhechhā!
Happy Guru parva!	ଗୁରୁପର୍ବର ଅଭିନନ୍ଦନ !	Guruparvara abhinandan!
Happy X-mas!	କ୍ରିସ୍‌ମସର ଅଭିନନ୍ଦନ !	Krismasra abhinandan!

REMARKS

In Odia, all individuals can say ନମସ୍କାର (Namaskār) or ପ୍ରଣାମ (Pranām) in salutations. To show his absolute faith in his religion and creed etc., a Muslim will say ସଲାମ ଆଲେକୁମ (Salām ālekum), a Sikh ସତ୍ ଶ୍ରୀ ଅକାଲ (Sat śri akāl), a Nationalist ଜୟ ହିନ୍ଦ୍ (Jai Hind) & a Humanist ଜୟ ଜଗତ୍ (Jai jagat).

ALPHABET

ବର୍ଣ୍ଣମାଳା

Odiā script is developed from the Kalinga Alphabet, one of the many descendants of the Brahmi Script of ancient India. Basically Odia has two types of such consonant ligatures.

Odia alphabet consists of vowels and consonants which are 11 and 39 respectively.

Here we are going to deal with vowels.

VOWELS ସ୍ୱରବର୍ଣ୍ଣ

ଅ	ଆ	ଇ	ଈ	ଉ	ଊ	ଋ
a	ā	i	ī	u	ū	ṛ
ୠ	ଌ	ଏ	ଐ	ଓ	ଔ	
ṝ	ḷ	e	ai	o	au	

In Odia vowels ୠ and ଌ are not in use now.

Recognise and pronounce—

ଉ	ଊ	ଅ	ଆ	ଓ	ଔ	ଅଂ
ଅଃ	ଇ	ଈ	ଋ	ୠ	ଏ	ଐ

1. The vowels ଅ ଆ ଓ ଔ ଅଂ ଅଃ were also written as ଅ ଆ ଓ ଔ ଅଂ ଅଃ respectively, but in standardized Devnagari, these forms are excluded. The Odia learners should keep that in mind.
2. In Odia, there are two classes of vowels:
   (i) Short (hrasva ହ୍ରସ୍ୱ) and (ii) long (sandhi ସନ୍ଧି) vowels

(i) **Short vowels (ହ୍ରସ୍ୱ ସ୍ୱର):**

ଅ	ଇ	ଉ	ଋ
a	i	u	r̥

(ii) **Long vowels (Sandhi swar ସନ୍ଧି ସ୍ୱର)**

ଆ	ଈ	ଊ	ଏ	ଐ	ଓ	ଔ
ā	ī	ū	e	ai	o	au

3. Short vowels are to be pronounced short and long vowels, long. Let us learn how to pronounce the vowels.

Letter	*Pronunciation*	*Remarks*
ଅ	(Short) a	sounds like short 'a' as in sub.
ଆ	(long) ā	sounds like long 'ā' as in far.
ଇ	(short) i	sounds like short 'i' as in is.
ଈ	(long) ī	sounds like long 'ī' as in meet.
ଉ	(short) u	sounds like long 'u' as in put.
ଊ	(long) ū	sounds like long 'ū' as in wool.
ଋ	(short) r̥	sounds like 'r̥' as in root.
ଏ	(long) e	sounds like 'e', as in say.
ଐ	(diphthong) ai	sounds like 'ai' as in ass.
ଓ	(long) o	sounds like 'o' as in role.
ଔ	(diphthong) au	sounds like 'au' as in shout.
ଅଂ	(long) aṁ	sounds like 'ṁ' as in hunger.
ଅଃ	(long) aḥ	sounds like 'ḥ' as in ah.

REMARKS

*** ଅ, (ଅଂ), ଅଃ are not vowels, but semi-consonants (ଅଯୋଗବାହ). For the sake of convenience, these are put among vowels.**

3RD STEP ୩ୟ ସୋପାନ

CONSONANTS
ବ୍ୟଞ୍ଜନ ବର୍ଣ୍ଣ

As we know, there are 40 consonants in Odia. Some are peculiar to Odia, and they have no equivalent in English.

The consonants reproduced below are in the manner in which they are generally found in Odia books.

କ	ଖ	ଗ	ଘ	ଙ	ଚ	ଛ	ଜ	ଝ	ଞ
ka	kha	ga	gha	ṅ	ch	chh	j	jh	ñ
ଟ	ଠ	ଡ	ଢ	ଣ	ତ	ଥ	ଦ	ଧ	ନ
ṭ	ṭh	ḍ	ḍh	ṇ	t	th	d	dh	n
ପ	ଫ	ବ	ଭ	ମ	ଯ	ର	ଳ	ଲ	ଵ
p	ph	b	bh	m	y	ra	ḷ	l	v
	ଶ	ଷ	ସ	ହ	ଂ	ଃ	ଁ		
	ś	ṣ	s	h	ṁ	ḥ	ã		

ଅତିରିକ୍ତ ବର୍ଣ୍ଣ

କ୍ଷ	ଡ଼	ଢ଼	ୟ
kṣa	ṛ	ṛh	ẏ

Note: In Odia, ଅ (a) is incorporated in every consonant and vowel sound, and also pronounced accordingly.

Identify and pronounce—

ଗ	ମ	ଭ	ର	କ୍ଷ	ଖ	ଶ	ୱ	ବ	କ
ଘ	ଧ	ଙ	ଡ	ଢ	ଦ	ଝ	ଟ	ଣ	ଠ
ତ	ନ	ଯ	ଥ	ଚ	ଜ	ଛ	ଞ	ଫ	ପ
ଲ	ଷ	ସ	ୟ	ହ	ଳ	ଂ	ଃ	ଁ	

Kinds of Consonants

Basically the consonants are of two kinds— (i) ବର୍ଗ୍ୟ-bargya. (ii) ଅବର୍ଗ୍ୟ-abargya।

From କ to ମ—the first 25 consonants are known as **ବର୍ଗ୍ୟ ବ୍ୟଞ୍ଜନ**। These are also divided into five parts.

(i) 'କ' ବର୍ଗ-	କ, ଖ, ଗ, ଘ, ଙ	କଣ୍ଠ୍ୟ ବର୍ଗ
(ii) 'ଚ' ବର୍ଗ-	ଚ, ଛ, ଜ, ଝ, ଞ	ତାଲବ୍ୟ ବର୍ଗ
(iii) 'ଟ' ବର୍ଗ-	ଟ, ଠ, ଡ, ଢ, ଣ	ମୂର୍ଦ୍ଧଣ୍ୟ ବର୍ଗ
(iv) 'ତ' ବର୍ଗ-	ତ, ଥ, ଦ, ଧ, ନ	ଦନ୍ତ୍ୟ ବର୍ଗ
(v) 'ପ' ବର୍ଗ-	ପ, ଫ, ବ, ଭ, ମ	ଓଷ୍ଠ୍ୟ ବର୍ଗ

ଯ, ୟ, ର, ଲ, ଳ, ୱ, ଶ, ଷ, ସ, ହ, କ୍ଷ, ଂ (anusār), ଃ (bisarga), ଁ (chandrabindu) are abargya consonants- **ଅବର୍ଗ୍ୟ ବ୍ୟଞ୍ଜନ**।

Pronunciation of consonants

Let us know how to pronounce consonants.

Letter	***Pronunciation***	***Remarks***
କ	ka	k, as in **king.**
ଖ	kha	ck-h, as in **black-hole** (single sound).

ଗ	ga	g, as in **gate.**
ଘ	gha	gh, as in **ghost.**
ଙ	ṅ	ng, as in **long.**
ଚ	cha	ch, as in **such.**
ଛ	chha	ch-h, as in **church-hill** (single sound).
ଜ	ja	j, as in **jug.**
ଝ	jha	ge-h, as in **large-hill** (as a single sound).
ଞ	ñ	nya, as **lanyard** (as a single sound).
ଟ	ṭa	t, as in **tank.**
ଠ	ṭha	t-h, as in **short-hand** (as a single sound).
ଡ	ḍa	d, as in **day.**
ଢ	ḍha	d-h, as in **sand-hill** (as a single sound).
ଣ	ṇa	n, as in **band.**
ତ	ta	t (softer than English **t**) in Odia ତଟ (taṭ).
ଥ	tha	th, as in **thumb.**
ଦ	da	da, as in **thus.**
ଧ	dha	**aspirated** ଦ, not found in English. As in Odia word ଧର୍ମ ।
ନ	na	n, as in **not.**
ପ	pa	p, as in **pot.**
ଫ	pha	ph, as a **loop hole** (as a single sound).
ବ	ba	b, as in **bat.**
ଭ	bha	bh, as in **sub-house** (as a single sound).
ମ	ma	m, as in **man.**

ଯ	ya	y, as in **young.**
ର	ra	r, nearly as in **rate.**
ଳ	ḷa	not found in English. as in Odia କଳ ।
ୱ	wa	v or w, as in **vote** or **wine.**
ଶ	ś	sh, as in **shut.**
ଷ	ṣa	not found in English. As in Odia ଚାଷ ।
ସ	sa	s, as in **some.**
ହ	ha	h, as in **has.**
କ୍ଷ	kṣa	not found in English. As in Odia ବୃକ୍ଷ ।
ୟ	ẏa	y, as in **year.**
ଲ	la	l, as in **land.**

REMARKS

1. ଙ, ଞ, ଣ, ଡ଼ or ଢ଼ never come at the beginning of a word.

2. ଖ, ଘ, ଛ, ଝ, ଠ, ଢ, ଣ, ଧ, ଫ, ଭ and ଷ are the consonants, which are peculiar to Odia, and in fact, they have no equivalent in English. The accurate pronunciation of the above letters can only be mastered through practice.

HOW TO WRITE ALPHABET
ଅକ୍ଷର କେମିତି ଲେଖିବେ

Odia is written in Brāhmī script. The script is written from left to right just like the roman script. But it has no headline above the letters like Hindi.

Let us begin to write vowels and consonants respectively.

VOWELS ସ୍ୱର

ଅ ଆ ଇ ଈ ଉ ଊ

ଋ ୠ ଏ ଐ ଓ ଔ

CONSONANTS ବ୍ୟଞ୍ଜନ

କ ଖ ଗ ଘ ଙ

ଚ ଛ ଜ ଝ ଞ

ଟ ଠ ଡ ଢ ଣ

ତ ଥ ଦ ଧ ନ

ପ ଫ ବ ଭ ମ

ଯ ର ଲ ୱ ଶ

ଷ ସ ହ

କ୍ଷ ୟ ଳ

ଡ଼ ଢ଼

5TH STEP ୫ମ ସୋପାନ

VOWELS & THEIR ABBREVIATED FORMS
ସ୍ୱର ଏବଂ ସେଗୁଡ଼ିକର ମାତ୍ରା

In Odia script, there are two forms of vowels— (i) Syllabic forms, and (ii) Abbreviated forms. Here are syllabic forms and abbreviated forms of Odia vowels—

Syllabic Forms : ଅ ଆ ଇ ଈ ଉ ଊ ଋ ଏ ଐ ଓ ଔ

Abbreviated Forms : - ା ି ୀ ୁ ୂ ୃ େ ୈ ୋ ୌ

1. (i) Syllabic forms of vowels are used separately. As—

ଆ (ā) Come ଆସ (āsa) Come ଆସନ୍ତୁ (āsantu) Please come

(ii) Abbreviated forms of vowels are used combined with preceding consonant characters as follows:

(a)	ା ୀ	follow the consonant.
(b)	େ	precedes it.
(c)	ୁ ୂ ୃ	are subscripts.
(d)	ି ୈ	are superscripts.

These abbreviated forms of vowels are called mātrā (ମାତ୍ରା).

Combination of Abbreviated Forms of Vowels (Mātrā) with Consonants

2. Let us combine the intra-syllabic forms of all vowels (ମାତ୍ରା) with consonants କ୍ (K). They are called ବର୍ଣ୍ଣମାଳା (barnamālā)

କ	କା	କି	କୀ	କୁ	କୂ	କୃ	କେ	କୈ	କୋ	କୌ	କଂ	କଃ
ka	kā	ki	kī	ku	kū	kṛ	ke	kai	ko	kau	kaṁ	kaḥ

Thus the Mātrās can be combined with all preceding consonants. Now we elaborate this combination.

ଖ	ଖା	ଖି	ଖୀ	ଖୁ	ଖୂ	ଖୃ	ଖେ	ଖୈ	ଖୋ	ଖୌ	ଖଂ	ଖଃ
kha	khā	khi	khī	khu	khū	khṛ	khe	khai	kho	khau	khaṁ	khaḥ
ଗ	ଗା	ଗି	ଗୀ	ଗୁ	ଗୂ	ଗୃ	ଗେ	ଗୈ	ଗୋ	ଗୌ	ଗଂ	ଗଃ
ga	gā	gi	gī	gu	gū	gṛ	ge	gai	go	gau	gaṁ	gaḥ
ଘ	ଘା	ଘି	ଘୀ	ଘୁ	ଘୂ	ଘୃ	ଘେ	ଘୈ	ଘୋ	ଘୌ	ଘଂ	ଘଃ
gha	ghā	ghi	ghī	ghu	ghū	ghṛ	ghe	ghai	gho	ghau	ghaṁ	ghaḥ
ଚ	ଚା	ଚି	ଚୀ	ଚୁ	ଚୂ	ଚୃ	ଚେ	ଚୈ	ଚୋ	ଚୌ	ଚଂ	ଚଃ
cha	chā	chi	chī	chu	chū	chṛ	che	chai	cho	chau	chaṁ	chaḥ
ଟ	ଟା	ଟି	ଟୀ	ଟୁ	ଟୂ	ଟୃ	ଟେ	ଟୈ	ଟୋ	ଟୌ	ଟଂ	ଟଃ
ṭa	ṭā	ṭi	ṭī	ṭu	ṭū	ṭṛ	ṭe	ṭai	ṭo	ṭau	ṭaṁ	ṭaḥ
ତ	ତା	ତି	ତୀ	ତୁ	ତୂ	ତୃ	ତେ	ତୈ	ତୋ	ତୌ	ତଂ	ତଃ
ta	tā	ti	tī	tu	tū	tṛ	te	tai	to	tau	taṁ	taḥ
ପ	ପା	ପି	ପୀ	ପୁ	ପୂ	ପୃ	ପେ	ପୈ	ପୋ	ପୌ	ପଂ	ପଃ
pa	pā	pi	pī	pu	pū	pṛ	pe	pai	po	pau	paṁ	paḥ
ଯ	ଯା	ଯି	ଯୀ	ଯୁ	ଯୂ	ଯୃ	ଯେ	ଯୈ	ଯୋ	ଯୌ	ଯଂ	ଯଃ
ya	yā	yi	yī	yu	yū	yṛ	ye	yai	yo	yau	yaṁ	yaḥ

ର	ରା	ରି	ରୀ	ରୁ	ରୂ		ରେ	ରୈ	ରୋ	ରୌ	ରଂ	ରଃ
ra	rā	ri	rī	ru	rū	–	re	rai	ro	rau	raṁ	raḥ
ଲ	ଲା	ଲି	ଲୀ	ଲୁ	ଲୂ	ଲୃ	ଲେ	ଲୈ	ଲୋ	ଲୌ	ଲଂ	ଲଃ
la	lā	li	lī	lu	lū	lṛ	le	lai	lo	lau	laṁ	laḥ
ବ	ବା	ବି	ବୀ	ବୁ	ବୂ	ବୃ	ବେ	ବୈ	ବୋ	ବୌ	ବଂ	ବଃ
ba	bā	bi	bī	bu	bū	bṛ	be	bai	bo	bau	baṁ	baḥ
ଶ	ଶା	ଶି	ଶୀ	ଶୁ	ଶୂ	ଶୃ	ଶେ	ଶୈ	ଶୋ	ଶୌ	ଶଂ	ଶଃ
śa	śā	śi	śī	śu	śū	śṛ	śe	śai	śo	śau	śaṁ	śaḥ
ସ	ସା	ସି	ସୀ	ସୁ	ସୂ	ସୃ	ସେ	ସୈ	ସୋ	ସୌ	ସଂ	ସଃ
sa	sā	si	sī	su	sū	sṛ	se	sai	so	sau	saṁ	saḥ
ହ	ହା	ହି	ହୀ	ହୁ	ହୂ	ହୃ	ହେ	ହୈ	ହୋ	ହୌ	ହଂ	ହଃ
ha	hā	hi	hī	hu	hū	hṛ	he	hai	ho	hau	haṁ	haḥ

Making words by combining vowels with consonants

Let us combine the vowels with consonants and make words. Thus we shall attain knowledge of various sounds of Odia language and learn the meaning of many words.

(i) Combining the vowel ଆ *(ā) with consonants*

Combination of ଆ will be likewise—

 କାମ **kāma,** work

ନାମ **nāma,** name

ମାତା **mātā,** mother

ଖାଦ୍ୟ **khādya,** food

ବାଡ଼ **bāḍa,** barbed

ଠିକଣା **ṭhikanā,** address

ଉଠିବା **uṭhibā,** to rise

ଦୌଡ଼ିବା **daudibā,** to run

ଗହଣା **gahanā,** ornament

ଝରଣା **jharaṇā,** fountain

(ii) Combining the vowel ଇ (i) with consonants

When joined to a consonant, original vowel ଇ gives place to its sign which is used before the consonants concerned.

ଦିନ **dina,** day

ଶିର **śira,** head

ପିତା **pitā,** father

ବିନା **bina,** without

ଯଦି **yadi,** if

ଗତି **gati,** speed

ମିତ୍ର **mitra,** friend

ଚିତ୍ର **chitra,** picture

ଶନିବାର **śanibār,** Saturday

ରବିବାର **ravibār,** Sunday

(iii) Combining the vowel ଈ (ī) with consonants

Combination of (i) will be likewise—

hik, right

ଗୀତ **gīta,** song

ଭଉଣୀ **bhauṇī,** sister

ଶରୀର **sharīra,** body

ମୀନ **mīna,** fish

ଜନନୀ **jananī,** mother

କୀରଣ **kīraṇa,** ray

ଶୀତ **shīta,** winter

(iv) Combining the vowel ଉ (u) with consonants

When ଉ (u) or ଊ (ū) is to be blended with a consonant except ର its abbreviated form is put under the consonant.

ଉ (u)

ଗୁଣ **guṇa,** quality

ଶୁଣ **śuṇa,** to hear

guru, teacher

ଫୁଲ **phula,** flower

paśu, animal

bāẏu, air

ଊ ( )

ମୂଷା **mūṣā,** rat

ରୂପା **rūpā,** silver

ଧୂଳି **dhūli,** dust

ରୂପ **rūpa,** shape, beauty

କୂପ **kūpa,** well

କୂଳ **kūla,** bench of river

(v) Combining the vowel ଋ (ṛ) with consonants

( )

କୃପା **kṛpā,** kindness

ଘୃଣା **ghṛnā,** hatred

କୃଷି **kṛṣi,** agriculture

ଗୃହ **gṛha,** home

pṛthak, separate

କୃପଣ **kṛpaṇa,** miser

(vi) Combining the vowel ଏ(e) or ଐ (ai) with consonants

ଏ (e)

ଦେଶ **desha,** country

କ୍ଷେତ **kṣeta,** field

ମତେ **mate,** to me

ସେ **se,** he or she

ସେବା **sevā,** service

ସେନା **senā,** army

ଲେଖିବା **lekhibā,** to write

ଖେଳିବା **khelibā,** to play

ଐ (ai)

ବୈଭବ **baibhaba,** splendor

ସେଇଆ **seiā,** in that way

ସୈତାନ **saitān,** monster

ଶୈଶବ **shaishaba,** childhood

ମୈଦାନ **maidān,** field

ମୈଥୁନ **maithuna,** sex

ଦୈନିକ **dainika,** daily

ସୈନିକ **sainika,** soldier

(vii) Combining the vowel ଓ(o) or ଔ (au) with consonants

ଓ (o)

ଚୋର **chora,** thief

ଗୋଶାଳା **goshālā,** cattle shed

ଦୋଷ **doṣa,** fault

କୋଷ **koṣ,** treasure

ଗୋଡ଼ **goḍa,** leg

ଯୋଡ଼ିବା **joḍibā,** to unite

ଭୋଜନ **bhojana,** food

ବୋତଲ **botal,** bottle

ଔ (au)

ଗୌର **gaura,** fair	ମୌନ **mauna,** silence
ଯୌନ **jauna,** sex	ଚୌଥ **chautha,** fourth
ନୌକା **naukā,** boat	କୌଶଳ **kaushala,** try
ଯୌବନ **jaubana,** young	ଚୌଡ଼ା **chauḍā,** wide

(viii) Combining the semi-vowels [ଅଯୋଗବାହ] *with consonants*

In Odia, there are three ଅଯୋଗବାହ (semi-vowels)—

(i) (Anuswār)-It is placed upper-right of the vowel (e.g., ଅଂଶ) or consonant+vowel, after which it is pronounced (e.g., କଂସ).

(ii) (Visarga)—It is placed after the vowel or consonant (e.g., ନିଃସନ୍ଦେହ, ଦୁଃଖ, etc.). It is used with the Sanskrit words.

(iii) ଚନ୍ଦ୍ରବିନ୍ଦୁ (Chandrabindu)—It is half nasal sound. (e.g., ମାଇଁ) It is used only when there is no vowel-sign of a letter; as— ଭଅଁର, ଚଅଁର etc.

Let us have some more words.

ଅନୁସ୍ୱାର (ଂ)

ଅଂକ **aṁka,** number	ଅଂଗ **aṁga,** body
ଅଂଶ **aṁśa,** part	ସିଂହ **siṁha,** lion

ବିସର୍ଗ (ଃ)

ଦୁଃଖ **duḥkha,** sorrow	ନିଃସଙ୍କୋଚ **niḥsaṅkoch,** unhesitating
ପୁନଃ **punaḥ,** again	ଦୁଃସହ **duḥsaha,** unbearable

ଚନ୍ଦ୍ରବିନ୍ଦୁ (ँ)

ମାଇଁ **maiā̃,** aunt	ହଁ **haā̃,** yes
ଭଅଁର **bhaā̃ra,** bee	କେଉଁଠି **keuā̃ṭhi,** where

6TH STEP ୬ଷ୍ଠ ସୋପାନ

CONJUNCTS
ସଂଯୁକ୍ତ ବର୍ଣ୍ଣ

କ୍ଷ ତ୍ର ଜ୍ଞ These are three additional letters, which are conjunctures of two consonants and one vowel. Thus they are called conjuncts.

These conjuncts can be separated in this way—

କ୍ଷ = କ୍ + ଷ + ଅ kṣa : As in—କକ୍ଷ **kakṣa**, room

ତ୍ର = ତ + ର + ଅ tra : As in—ପତ୍ର **patra**, letter

ଜ୍ଞ = ଜ + ଞ + ଅ jña : As in—ଜ୍ଞାନ **jñāna** or **gyāna**, knowledge

ସଂଯୁକ୍ତ ବର୍ଣ୍ଣ-When two or more consonants have no vowel between them and they are pronounced together, they are called conjuncts.

As- ଦ୍ + ଭ = ଦ୍ଭ; ଦ୍ + ଦ = ଦ୍ଦ; ତ୍ + ପ = ତ୍ପ; କ୍ + ର = କ୍ର; ଟ୍ + ଟ = ଟ୍ଟ

The consonants may be divided into three groups for making conjuncts:

(a) ପୂର୍ଣ୍ଣ ସଂଯୁକ୍ତ ବ୍ୟଞ୍ଜନ (Consonants using small size under another full consonant) as— ଣ୍ଣ, ଷ୍ଟ... etc. ।

(b) ସାଙ୍କେତିକ ସଂଯୁକ୍ତ ବ୍ୟଞ୍ଜନ (Consonants using symbolic form under the consonant) as— ନ୍ତ, ଲ୍ଲ, ମ୍ବ, ମ୍ଭ... etc. ।

(c) ସଂକ୍ଷିପ୍ତ ସଂଯୁକ୍ତ ବ୍ୟଞ୍ଜନ, ଯାହାକି ଯୁକ୍ତାକ୍ଷର ରୂପେ ଉପରେ ଲେଖାଯାଏ (Consonants using symbolic upper the consonant) As- ତର୍କ, ଅର୍କ, ବର୍ଗ etc. ।

ବିନା ପୂର୍ଣ୍ଣଚ୍ଛେଦ ବ୍ୟଞ୍ଜନ, ଯାହାକି ଯୁକ୍ତାକ୍ଷର ରୂପେ ଅଲଗା-ଅଲଗା ପ୍ରଥମ ବ୍ୟଞ୍ଜନରେ ହଲନ୍ତ୍ ଲଗାଇ ଲେଖାଯାଏ (Consonants not ending in vertical line, which are formed by writing the first-one with a Hal-mark) As- ଖ + ଡ୍ + ଗ = ଖଡ୍‌ଗ ।

ଯୁକ୍ତାକ୍ଷରର ଉପବାଦ ରୂପ (Exceptional forms of conjuncts) As—ର୍ + କ = ର୍କ; ତ୍ + ର = ତ୍ର; ଦ୍ + ମ = ଦ୍‌ମ; ଶ୍ + ର୍ = ଶ୍ର ।

In this group, there are some irregular conjuncts which do not follow any rule.

Now we shall place the conjuncts into the aforesaid groups.

Group one **ପୂର୍ଣ୍ଣଚ୍ଛେଦ ଥିବା ବ୍ୟଞ୍ଜନ**

କ୍କ ଗ୍ଧ ଧ ଛ ଚ୍ଛ ଜ୍ୱ

ଦ୍ଧ ନ୍ୟ ପ୍ୱ ବ୍ୟ ଭ୍ୟ ମ୍ୟ

ଲ୍ୟ ଓ୍ୱ ଷ୍ଟ ଷ୍କ ସ୍ୱ

Group two **ଖୁଣ୍ଟିଧାରୀ ପୂର୍ଣ୍ଣଚ୍ଛେଦ ଥିବା ବ୍ୟଞ୍ଜନ**

କ୍ + ୟ = କ୍‌ୟ — କ୍ୟ, କ୍ୟୌ, କ୍ୟେ, କ୍ୟୋ

ଜ୍ + ୟ = ଜ୍‌ୟ — ଜ୍ୟ, ଜ୍ୟୌ, ଜ୍ୟେ, ଜ୍ୟୋ

ସ୍ + ୟ = ସ୍‌ୟ — ସ୍ୟ, ସ୍ୟୌ, ସ୍ୟେ, ସ୍ୟୋ

Group three **ବିନା ପୂର୍ଣ୍ଣଚ୍ଛେଦ ବ୍ୟଞ୍ଜନ (ଉପର-ତଳ ଲେଖାଯାଉଥିବା**

+ ଦ = ଦ୍ଦ   + ଧ = ଦ୍ଧ   + ର = ହ୍ର

+ ବ = ଦ୍ୱ   + ର = ଟ୍ର   + ର = ଡ୍ର

Group four **ବିନା ପୂର୍ଣ୍ଣଚ୍ଛେଦ ବ୍ୟଞ୍ଜନ   ଅଲଗା ଅଲଗା ଲେଖାଯାଉଥିବା**

+ ଟ = ଟ୍‌ଟ   + ଠ = ଟ୍‌ଠ

+ ଡ = ଡ୍‌ଡ   + ୟ = ଢ୍‌ୟ

Group five **ଯୁକ୍ତାକ୍ଷରମାନଙ୍କ ଉପବାଦ ରୂପ**

(i) with ର

+ ର = କ୍ର/ ଗ୍ର, ଘ୍ର, ଜ୍ର, ପ୍ର

+ ର = ତ୍ର/ ଟ୍ର, ଦ୍ର, ଧ୍ର

+ ର = ପ୍ର/ ଫ୍ର, ବ୍ର, ଭ୍ର, ମ୍ର

+ ର = ଗ୍ର/ ସ୍ର, ଘ୍ର

(ii) with other consonants

+ କ = ର୍କ, ର୍ଖ, ର୍ଗ, ର୍ଘ, ର୍ଚ

+ ଛ = ର୍ଛ, ର୍ଜ, ର୍ଟ, ର୍ଠ, ର୍ଡ

+ ଣ = ର୍ଣ, ର୍ତ, ର୍ଥ, ର୍ଦ, ର୍ଧ

+ ନ = ର୍ନ, ର୍ପ, ର୍ଫ, ର୍ବ, ର୍ଭ

+ ମ = ର୍ମ, ର୍ଯ, ର୍ବ, ର୍ଲ, ର୍ଶ

+ ଷ = ର୍ଷ, ର୍ସ, ର୍ହ

(iii) with ଯ, ମ, ନ

+ ମ = or ହ୍ମ

+ ଯ = ହ୍ୟ or ହ୍ଯ

+ ନ = ହ୍ନ or ହ୍ନ

+ ବ = ହ୍ବ or ହ୍ବ

+ ମ = or ଦ୍ମ

+ ଯ = ଦ୍ୟ or ଦ୍ଯ

(iv) କ୍ଷ, ତ୍ର, ଜ୍ଞ

+ ଷ = କ୍ଷ କକ୍ଷ

+ ର = ତ୍ର ପତ୍ର

+ ଞ = ଜ୍ଞ ଜ୍ଞାନ

Let us learn some words constituted with various conjuncts.

କ୍ତ ଭକ୍ତି **bhakti,** devotion ଶକ୍ତି **śakti,** power

ଖ୍ୟ ମୁଖ୍ୟ **mukhya,** chief ସଂଖ୍ୟା **sankhyā,** number

ଉପସ୍ଥିତ **upasthita,** present ସ୍ଥିତି **sthiti,** position

ଯୋଗ୍ୟ **yogya,** able

ବିଦ୍ୟା **vidyā,** education

ଯତ୍ନ **yatna,** effort

ନିତ୍ୟ **nitya,** daily

ନ୍ୟାୟ **nyāya,** justice

ଚ ଉଚ୍ଚତା **uchchtā,** child

ଖଟ୍ଟା **khattā,** sour

ଦିଲ୍ଲୀ **dilli,** delhi

କାର୍ଯ୍ୟ **kārya,** work

artha, meanings

ବର୍ଷା **varṣā,** rain

ର ପ୍ରକାଶ **prakāś,** light

କ୍ରମ **krama,** series

ଡ୍ରାମା **ḍrāmā,** drama

ଶସ୍ୟ **śasya,** grain

ଦ୍ୱାରା **dvārā,** by, through

ସତ୍ୟ **satya,** truth

ମୂଲ୍ୟ **mūlya,** cost

ଅନ୍ୟ **anya,** other

ଲଜ୍ଜା **lajjā,** shame

ଡ ଆଡ୍ଡା **āḍḍā,** stoppage

ପୁଣ୍ୟ **punya,** virtue

ādarś, model

varṣa, year

କାର୍ଯ୍ୟାଳୟ **kāryālaya,** office

ଗ୍ରାମ **grām,** village

ଶ୍ରମ **śrama,** labour

ରାଷ୍ଟ୍ର **rāṣtra,** nation

REMARKS

1. **କ୍ଷ, ତ୍ର, ଜ୍ଞ are additional letters. They are conjuncts.**
2. **ତ୍ର, କ୍ର, ଦ୍ମ, ହ୍ମ, ହ୍ନ, ଶ୍ର & ଦ୍ୟ are alternatively written as ତ୍‌ର, କ୍‌ର, ଦ୍‌ମ, ହ୍‌ମ, ହ୍‌ନ, ଶ୍‌ର & ଦ୍‌ୟ ।**
3. **କ୍ର means that the first consonant କ is ହଲନ୍ତ୍ (without vowel) ର୍କ means that the first consonant ର is ହଲନ୍ତ୍ (without vowel). Thus: ଚ୍ଚ means that the first consonant ଚ୍ is ହଲନ୍ତ୍ (without vowel).**

7TH STEP ୭ମ ସୋପାନ

THE PARTS OF SPEECH

ଶବ୍ଦର ଭେଦ

1. A sentence consists of two parts—ଉଦ୍ଦେଶ୍ୟ (Subject) and ବିଧେୟ (Predicate). ଉଦ୍ଦେଶ୍ୟ is that about which something has been said in the sentence. ବିଧେୟ is what has been said about it.

   Both the ଉଦ୍ଦେଶ୍ୟ and the ବିଧେୟ may consist of more than one word. Thus, every word in a sentence performs a definite function.

2. There are eight categories of classes of words which are called 'Parts of Speech'. They are—

1. ସଂଜ୍ଞା (Noun)	5. କ୍ରିୟା-ବିଶେଷଣ (Adverb)
2. ସର୍ବନାମ (Pronoun)	6. ସମ୍ବନ୍ଧ-ବୋଧକ (Post-position)
3. ବିଶେଷଣ (Adjective)	7. ସଂଯୋଗୀକରଣ (Conjunction)
4. କ୍ରିୟା (Verb)	8. ବିସ୍ମୟସୂଚକ (Exclamation)

The first four are ବିକାରୀ (Declinable), and second four are ଅବିକାରୀ (Indeclinable).

Now, read the following sentence carefully—

ଓଃ ! ମୋ ଛୋଟ ଭାଇ ଏବଂ ଭଉଣୀ କୋଠରୀ ଭିତରେ ମୋତେ ଧିରେ-ଧିରେ କହିଲେ ।

Oh! Younger brother and sister told me quietly in the room.

In the above sentence—

'ଓଃ ! ମୋ ଛୋଟ ଭାଇ ଏବଂ ଭଉଣୀ' is ଉଦ୍ଦେଶ୍ୟ (subject)

and—

'କୋଠରୀ ଭିତରେ ମୋତେ ଧୀରେ-ଧୀରେ କହିଲେ' is ବିଧେୟ (predicate).

Let us explain every word of this sentence in detail grammatically and identify to which part of speech each word is.

(1) ଓଃ (oh) — Exclamation[8]

(2) ଛୋଟ (younger) —Adjective[3]

(3) ଭାଇ (brother) — Noun

(4) ଏବଂ (and) — Conjuction[7]

(5) ଭଉଣୀ (sister) — Noun

(6) ମୋତେ (to me) — Pronoun[2]

(7) କୋଠରୀ ଭିତରେ [inside (the room)] — Post-position[6]

(8) ଧୀରେ-ଧୀରେ (quietly) — Adverb[5]

(9) କହିଲେ (told) — Verb[4]

Thus, we learn the role of every part of speech. In the following chapters, we shall explain every constitution of sentence very briefly.

THE PARTS OF SPEECH
ଶବ୍ଦର ଭେଦ

DECLINATION ବିକାରୀ

Noun ସଂଜ୍ଞା	Pronoun ସର୍ବନାମ	Adjective ବିଶେଷଣ	Verb କ୍ରିୟା
ଭାଇ/ଭଉଣୀ କୋଠରୀ)	ମୋତେ	ଛୋଟ	କହିଲେ

INDECLINATION ଅବିକାରୀ

Abverb	Post position	Conju- nction	Excla- mation
କ୍ରିୟା ବିଶେଷଣ	ସମ୍ବନ୍ଧ ବୋଧକ	ସଂଯୋଜକ	ବିସ୍ମୟ ସୂଚକ
ଧୀରେ-ଧୀରେ	ଭିତରେ	ଏବଂ	ଓଃ !

Noun ସଂଜ୍ଞା

A **noun** is a word which is a name of anything.

There are three kinds of noun, in Odia.

(i) ବ୍ୟକ୍ତିବାଚକ Proper noun

(ii) ଜାତିବାଚକ Common noun

(iii) ଭାବବାଚକ Abstract noun

ଗୋପାଳ ଜଣେ ପୁରୁଷ ଅଟେ ।	Gopal is a man.
ମୁମ୍ବାଇ ଏକ ନଗର ଅଟେ ।	Mumbai is a city.
ବାଇବେଲ ଏକ ପୁସ୍ତକ ଅଟେ ।	Bible is a book.

(i) ଗୋପାଳ, ମୁମ୍ବାଇ and ବାଇବେଲ are the names of particular person, place and thing respectively. Thus these are **proper nouns.**

(ii) ପୁରୁଷ, ନଗର and ପୁସ୍ତକ are the names of any person, place and thing of the same class respectively. Thus these are **common nouns.**

(iii) **Abstract noun** is the third kind of noun. It is a name of a quality, state or action, e.g., ପୁରୁଷତ୍ୱ, ନାଗରିକତା, ଜ୍ଞାନ etc.

Read out the following sentences—

(a) ସତ୍ୟତା ମନୁଷ୍ୟର ସର୍ବୋତ୍ତମ ଗୁଣ ଅଟେ ।	Truth is the best quality of man.
(b) ମୋ ପିଲାଦିନ କଥା ମୋର ମନେଅଛି ।	I remember my childhood.
(c) ହାସ୍ୟରେ ଜୀବନ ରହିଛି ।	The life lies in a smile.

In the above sentences ସତ୍ୟତା, ପିଲାଦିନ and ହାସ୍ୟ are abstract nouns because these are the names of a quality, state or action respectively.

Abstract nouns are formed by three different ways:

(1) ଜାତିବାଚକ ସଂଜ୍ଞାରୁ (from common nouns)

(2) ବିଶେଷଣରୁ (from adjectives)

(3) କ୍ରିୟାରୁ (from verbs)

From Common Noun

Common nouns		Abstract nouns	Common nouns		Abstract nouns
ଶତ୍ରୁ	–	ଶତ୍ରୁତା; enmity	ପୁରୁଷ	–	ପୁରୁଷତ୍ୱ, manhood
ମାନବ	–	ମାନବିକତା; humanity	ଗୁରୁ	–	ଗୁରୁତ୍ୱ. eminence
ମିତ୍ର	–	ମିତ୍ରତା; friendship	ଦେବ	–	ଦେବତ୍ୱ. godliness
ପିଲା	–	ପିଲାଳିଆମି; boyhood	ଶିଶୁ	–	ଶୈଶବ, childhood
ଚୋର	–	ଚୋରୀ; theft	ଶିଶୁ	–	ଶୈଶବ, childhood

From Adjectives

Adjectives		Abstract nouns	Adjectives		Abstract nouns
ଚତୁର	–	ଚତୁରତା; cleverness	ଚତୁର	–	ଚାତୁର୍ଯ୍ୟ, cleverness
ସୁନ୍ଦର	–	ସୁନ୍ଦରତା; beauty	ସୁନ୍ଦର	–	ସୌନ୍ଦର୍ଯ୍ୟ, beauty
ମଧୁର	–	ମଧୁରତା; sweetness	ମଧୁର	–	ମାଧୁର୍ଯ୍ୟ, sweetness
ଲଘୁ	–	ଲଘୁତା; smallness	ଲଘୁ	–	ଲଘୁତ୍ୱ, smallness
ଖରାପ	–	ଖରାପପଣିଆ; evil	ମଙ୍ଗଳ	–	ମାଙ୍ଗଳିକ, welfare
ଉଚ୍ଚ	–	ଉଚ୍ଚତା; highness	ଭଲ	–	ଭଲପଣିଆ, goodness
ଥଣ୍ଡା	–	ଥଣ୍ଡାଳିଆ, coldness	ବୃଦ୍ଧ	–	ବାର୍ଦ୍ଧକ୍ୟ; old age
ମୋଟା	–	ମୋଟାପଣ, fatness			

From Verbs

Verbs		Abstract nouns	Verbs		Abstract nouns
ଜ୍ଞାନ ଆହରଣ	–	ଜ୍ଞାନ; knowledge	ପରଖିବା	–	ପରଖ, investigation

ଝଗଡ଼ା କରିବା–	ଝଗଡ଼ା; dispute	ଛାପିବା –	ଛାପା printing
ଯୁଦ୍ଧ କରିବା –	ଯୁଦ୍ଧ; battle	ଲେଖିବା –	ଲିପି writing
ଲେଖିବା –	ଲେଖା; writing	ସଜାଇବା –	ସାଜସଜା decoration
ସଞ୍ଚୟ କରିବା –	ସଞ୍ଚୟ; saving	ଖର୍ଚ୍ଚ କରିବା –	consumption

REMARKS

1. **Here are some Odia suffixes which are attached to Nouns, Adjectives and Verbs for forming Abstract Nouns respectively:**

   (i) –ତା –ତ୍ୱ **Examples :** ମନୁଷ୍ୟତା ଦେବତ୍ୱ

   (ii) –ତା –ତ୍ୱ –ଆମୀ –ୀ –ପଣ –ଯ **Examples :** ସୁନ୍ଦରତା ଲଘୁତ୍ୱ ପାଗଳାମୀ ଦାମୀ ମୋଟାପଣ ସୌନ୍ଦର୍ଯ୍ୟ

   (iii) –ଇଆ ଅତା ଇତ –ଆ ଅନୀ **Examples :** କଟକିଆ ସାବଧାନତା ଲଣ୍ଡିତ ଝଗଡ଼ା ଲେଖନୀ

2. **Sometimes the root itself become the Abstract Noun—**

Abstract noun	**From the root infinitive**
ବିଚାର	ବିଚାର କରିବା
ପରଖ	ପରଖିବା

8TH STEP ୮ମ ସୋପାନ

GENDER
ଲିଙ୍ଗ

In Odia, the concept of Gender (ଲିଙ୍ଗ) is very simple and clear. This is because Gender in Odia is based on natural gender i.e. Maleness and Femaleness of a Noun or Pronoun.

In Odia, according to Gender, Nouns or Pronouns can be divided into four categories:

1. Masculine (ପୁଲିଙ୍ଗ):

All males (and only males) are said to belong to the masculine gender. Example: ବାଳକ (boy), ପୁରୁଷ (man), ଦେବତା (god), ବାଘ (tiger), ଘୋଡ଼ା (horse), ଗଞ୍ଜା (rooster) etc.

2. Feminine (ସ୍ତ୍ରୀଲିଙ୍ଗ):

All females (and only females) belong to this gender category. Example: ବାଳିକା (girl), ନାରୀ (woman), ଦେବୀ (goddess), ବାଘୁଣୀ (tigress), ଘୋଡ଼ୀ (mare), କୁକୁଡ଼ା (hen), etc.

3. Common (ସାଧାରଣ ଲିଙ୍ଗ / ଉଭୟ ଲିଙ୍ଗ):

Nouns and pronouns that belong to this gender are either male or female, but we are not concerned about it. Examples: ପିଲା (child), ଶ୍ରମିକ (worker), ଶିଶୁ (baby), ମନୁଷ୍ୟ (human being), ବ୍ୟକ୍ତି (person), etc.

4. Neuter (କ୍ଲୀବଲିଙ୍ଗ):

All nouns and pronouns to which maleness or femaleness doesn't apply belong to this gender category. Some examples are as follows:

Material things: ପଥର (stone), ଟେବୁଲ୍ (table), ସୁନା (gold), ବହି (book);

Abstract nouns: ଶୈଶବ (childhood), ସ୍ୱାଧୀନତା (independence), ବୁଦ୍ଧି (intelligence), etc.

Masculine (ପୁଲିଙ୍ଗ) and Feminine (ସ୍ତ୍ରୀଲିଙ୍ଗ) forms of Some Nouns:

ପୁଲିଙ୍ଗ (Masculine)	**ସ୍ତ୍ରୀଲିଙ୍ଗ (Feminine)**
ପୁରୁଷ (male)	ସ୍ତ୍ରୀ (female)
କୁକୁର (dog)	ମାଈ କୁକୁର (bitch)
ବୃଷଭ (bull)	ଗାଈ (cow)
ସିଂହ (lion)	ସିଂହୀ (lioness)
ଓଟ (camel)	ମାଈଓଟ (she-camel)
ଘୋଡ଼ା (horse)	(mare)
ବାଳକ (boy)	ବାଳିକା (girl)
ଚାକର (servant)	ଚାକରାଣୀ (maid-servant)
ଧୋବା (washerman)	ଧୋବଣୀ (washerwoman)
ବୁଢ଼ା (old man)	ବୁଢ଼ୀ (old woman)
ପିତା (father)	ମାତା (mother)
ପୁଅ (son)	ଝିଅ (daughter)
ଭାଇ (brother)	ଭଉଣୀ (sister)
ଦାଦା (uncle)	ଖୁଡ଼ୀ (aunt)
ବଡ଼ବାପା (great uncle) (maternal uncle)	ବଡ଼ମା (great aunt) (maternal aunt)
ଭଣଜା (nephew)	ଭାଣିଜୀ (niece)
ଅଭିନେତା (actor)	ଅଭିନେତ୍ରୀ (actress)
ଲେଖକ (author)	ଲେଖିକା (authoress)
କବି (poet)	କବୟିତ୍ରୀ (poetess)
ପୁରୁଷ (man)	ନାରୀ (woman)
ସମ୍ରାଟ (emperor)	ସାମ୍ରାଜ୍ଞୀ (empress)
ଦେବତା (god)	ଦେବୀ (goddess)
ନାୟକ (hero)	ନାୟିକା (heroine)
ରାଜକୁମାର (prince)	ରାଜକୁମାରୀ (princess)

9TH STEP ୯ମ ସୋପାନ

NUMBER
ବଚନ

Like English and many other Indian regional languages, there are two numbers in Odia---(i) ଏକବଚନ (Singular) and (ii) ବହୁବଚନ (Plural). Odia does not recognize the ଦ୍ୱିବଚନ (dual number) found in Sanskrit. All nouns and pronouns fall under these two heads of number.

In Odia, generally Plural Nouns are formed by adding suffixes like (ମାନେ) 'mane' and (ଗୁଡ଼ିକ) 'gudika' with Singular Nouns.

Below are given some examples of Singular and Plural forms of certain Nouns.

Singular	*Plural*
ବାଳକ (boy)	ବାଳକମାନେ (boys)
ବାଳିକା (girl)	ବାଳିକାମାନେ (girls)
ପୁରୁଷ (man)	ପୁରୁଷମାନେ (men)
ନାରୀ (woman)	ନାରୀମାନେ (women)
ଶିଶୁ (baby)	ଶିଶୁମାନେ (babies)
ସାଧୁ (sage)	ସାଧୁମାନେ (sages)
ଚୋର (thief)	ଚୋରମାନେ (thieves)
ମିତ୍ର (friend)	ମିତ୍ରମାନେ (friends)
ଛାତ୍ର (student)	ଛାତ୍ରମାନେ (students)
ପିଲା (child)	ପିଲାମାନେ (children)

ଭାଇ (brother)	ଭାଇମାନେ (brothers)
ଭଉଣୀ (sister)	ଭଉଣୀମାନେ (sisters)
ଶିକ୍ଷକ (teacher)	ଶିକ୍ଷକମାନେ (teachers)
ବାଘ (tiger)	ବାଘଗୁଡ଼ିକ (tigers)
ଛେଳି (goat)	ଛେଳିଗୁଡ଼ିକ (goats)
କୁକୁର (dog)	କୁକୁରଗୁଡ଼ିକ (dogs)
ଗାଈ (cow)	ଗାଈଗୁଡ଼ିକ (cows)
ଚଢ଼େଇ (bird)	ଚଢ଼େଇଗୁଡ଼ିକ (birds)
କାଉ (crow)	କାଉଗୁଡ଼ିକ (crows)
ଫଳ (fruit)	ଫଳଗୁଡ଼ିକ (fruit)
ବହି (book)	ବହିଗୁଡ଼ିକ (books)
କଲମ (pen)	କଲମଗୁଡ଼ିକ (pens)
ପେନ୍‌ସିଲ୍ (pencil)	ପେନ୍‌ସିଲଗୁଡ଼ିକ (pencils)
ଆଙ୍ଗୁଳି (finger)	ଆଙ୍ଗୁଳିଗୁଡ଼ିକ (fingers)
ବୋତଲ (bottle)	ବୋତଲଗୁଡ଼ିକ (bottles)
ଅକ୍ଷର (letter)	ଅକ୍ଷରଗୁଡ଼ିକ (letters)
ନଦୀ (river)	ନଦୀଗୁଡ଼ିକ (rivers)
ଆମ୍ବ (mango)	ଆମ୍ବଗୁଡ଼ିକ (mangoes)
ଦିନ (day)	ଦିନଗୁଡ଼ିକ (days)
ରାତି (night)	ରାତିଗୁଡ଼ିକ (nights)
ପତ୍ର (leaf)	ପତ୍ରଗୁଡ଼ିକ (leaves)
ସଂଖ୍ୟା (number)	ସଂଖ୍ୟାଗୁଡ଼ିକ (numbers)
ଘର (house)	ଘରଗୁଡ଼ିକ (houses)
କବାଟ (door)	କବାଟଗୁଡ଼ିକ (doors)
ଝରକା (window)	ଝରକାଗୁଡ଼ିକ (windows)

10TH STEP ୧୦ତମ ସୋପାନ

CASE & DECLENTION OF NOUNS

କାରକ ଏବଂ ସଂଜ୍ଞା-ଶବ୍ଦର ରୂପ

Case କାରକ

There are eight cases in Odia expressed by different post-positions or case-endings. The post-positions mostly correspond to English prepositions. The post-positions (ବିଭକ୍ତିଗୁଡ଼ିକ) of all the cases are as given below:

	Case	Post-positions	Usage
1.	କର୍ତ୍ତା		ରାମ
	Nominative		
2.	କର୍ମ	କୁ, ଙ୍କୁ	ରାମ କୁ
	Objective		
3.	କରଣ	ଦ୍ୱାରା, ସହିତ	ରାମ ଦ୍ୱାରା
	Instrumental	by	
4.	ସମ୍ପ୍ରଦାନ	ଦ୍ୱାରା, କୁ, ପାଇଁ	ରାମ କୁ, ରାମ ପାଇଁ
	Dative		
5.	ଅପାଦାନ	ଠାରୁ, ରୁ	ରାମ ଠାରୁ
	Ablative	from, for, since, than	
6.	ସମ୍ବନ୍ଧ	ର, ରେ, ଙ୍କ, ମାନଙ୍କ	ରାମର, ରାମଙ୍କ, ରାମ ପାଖରେ
	Possessive		
7.	ଅଧିକରଣ	ରେ, ଠାରେ. ଉପରେ	ରାମ ଠାରେ. ରାମ ଉପରେ. ରାମ
	Locative	in, at, on,	ଠାରୁ ଉପରେ
	above, upon		

8. ସମ୍ବୋଧନ ଆରେ, ଏ, ହେ, କିରେ ହେ ରାମ! ଆରେ ରାମ!
Vocative

Learn the usage of cases in the following phrases or sentences. All the cases have been given respectively.

1. କର୍ତ୍ତା କାରକ

(i) ରାମ ଆସିଲା ।	Ram came.
(ii) ରାମ କହିଲା ।	Ram said.

It is worth remembering that the case-ending or post-position ଲା, ଲି, ଲେ is used mostly after the nominatives of transitive verbs in the past tense.

2. କର୍ମ କାରକ

(i) ଏହି ପୁସ୍ତକକୁ ନେଇଯାଅ ।	Take this book
(ii) ରାମକୁ କଠିନ ପରିଶ୍ରମ କରିବା ଉଚିତ୍ ।	Ram should work hard.

3. କରଣ କାରକ

(i) ନିଜ ହାତରେ ଏଠାରେ ଦସ୍ତଖତ କରନ୍ତୁ ।	Please sign here with your hand.
(ii) ଏହା ଅମିତ ଦ୍ୱାରା ଲେଖାଯାଇଛି ।	It is written by Amit.

4. ସମ୍ପ୍ରଦାନ କାରକ

(i) ଏହି ପୁସ୍ତକ ଆଭାକୁ ଦିଅ ।	Give this book to Abha
(ii) ମା'ଙ୍କ ପାଇଁ ଗୋଟିଏ କପ୍ କ୍ଷୀର ଆଣ ।	Bring a cup of milk for mother.

5. କର୍ତ୍ତା କାରକ

(i) ଗଛରୁ ପତ୍ର ପଡ଼େ ।	The leaf is falling from the tree.
(ii) ମୁଁ ଆଶ୍ରମରୁ ଆସୁଛି ।	I am coming from the Ashram.

6. ଉପାଦାନ କାରକ

(i) ବିକାସ ରାକ୍ଷୀର ଭାଇ ଅଟେ ।	Vikas is the brother of Rakhi.
(ii) ମୁଁ ଆଗ୍ରାର ଦୁର୍ଗକୁ ଗଲି ।	I went to the fort at Agra.
(iii) ଲକ୍ଷ୍ମୀ ବାଈ ଝାନ୍‌ସୀର ରାଣୀ ଥିଲେ ।	Laxmi Bai was the queen of Jhansi.

7. ଅଧିକରଣ କାରକ

(i) ଆମେ କୋଠରୀରେ ବସିଛୁ ।	We are sitting in the room.
(ii) ଟେବୁଲ୍ ଉପରେ ପୁସ୍ତକଟି ଅଛି ।	The book is on the table.

8. ସମ୍ବୋଧନ କାରକ

(i) ହେ ଭଗବାନ ! ମୋତେ ରକ୍ଷା କର । O God! Save me.

(ii) ଆରେ ପିଲାମାନେ ! ଦୌଡ଼ି ପଳାଅ । O children! Run away.

(iii) ଏ ଝିଅ ! ଏଠାକୁ ଆସ୍ । O girl! Come here.

Declension of nouns ସଂଜ୍ଞାଶବ୍ଦର ରୂପାବଳୀ

Declension of 'Child' (ପିଲା ଶବ୍ଦର ରୂପାବଳୀ)

Case	***Singular***	***Plural***
1. Nom.	ପିଲା/ପିଲାଟି	ପିଲାଏ/ପିଲାମାନେ
2. Obj.	ପିଲାକୁ	ପିଲାଙ୍କୁ
3. Ins.	ପିଲା ଦ୍ୱାରା	ପିଲାଙ୍କ ଦ୍ୱାରା
4. Dat.	ପିଲାଟି ପାଇଁ	ପିଲାଙ୍କ ପାଇଁ
5. Abl.	ପିଲା ଠାରୁ	ପିଲାଙ୍କ ଠାରୁ
6. Poss.	ପିଲାର	ପିଲା ମାନଙ୍କର
7. Loc.	ପିଲା ଠାରେ/ଉପରେ	ପିଲାଙ୍କ ଠାରେ/ଉପରେ
8. Voc.	ଏ ପିଲା !	ଆରେ ପିଲାମାନେ !

REMARKS

In English, there are prepositions but in Odia, there are post-positions. The clause 'on the road' is translated into Odia 'ସଡ଼କ ଉପରେ'– that is why 'on' is preposition (because it comes before the noun) but 'ଉପରେ' is post-position (because it follows the noun).

PART 2 : WORD

11TH STEP ୧୧ତମ ସୋପାନ

PRONOUN
ସର୍ବନାମ

ସର୍ବନାମ (Pronoun) is a word used in the place of a noun. Actually it represents a noun. In Odia, there are six kinds of pronoun–

(1) ବ୍ୟକ୍ତିବାଚକ Personal	:	ମୁଁ (I), ତୁ/ତୁମେ(you), ସେ (he/she/it), ଆପଣ(you ଆଦରସୂଚକ honorific)
(2) ନିଶ୍ଚୟବାଚକ Definite	:	ଏହା (this), ତାହା (that)
(3) ଅନିଶ୍ଚିତବାଚକ Indefinite	:	କେହି (somebody), କିଛି (some)
(4) ପ୍ରଶ୍ନବାଚକ Interrogative	:	କିଏ (who), କ'ଣ (what)
(5) ସମ୍ବନ୍ଧବାଚକ Relative	:	ଯିଏ, ଯାହା, ଯେଉଁ (who, which)
(6) ଆତ୍ମବାଚକ Reflexive	:	ସ୍ୱୟଂ (self) for all persons

Pronouns have no ସମ୍ବୋଧନ କାରକ (Vocative case).

There are three ପୁରୁଷ in Odia grammar:

(i) ପ୍ରଥମ ପୁରୁଷ First person —ମୁଁ, ଆମେ

(ii) ଦ୍ୱିତୀୟ ପୁରୁଷ Second person —ତୁ, ତୁମେ, ଆପଣ (ଆଦରସୂଚକ)

(iii) ତୃତୀୟ ପୁରୁଷ Third person —ସେ, ସେମାନେ

ସର୍ବନାମ ଶବ୍ଦଗୁଡ଼ିକର ରୂପାବଳୀ Declension of Pronouns

ମୁଁ (I) First Person.

(i)	ମୁଁ/ମୋର- ଆମେ/ଆମେମାନେ	(v)	ମୋ ଠାରୁ-ଆମ ଠାରୁ
(ii)	ମୋତେ-ଆମକୁ	(vi)	ମୋର-ଆମର
(iii)	ମୋ ଦ୍ୱାରା-ଆମ ଦ୍ୱାରା	(vii)	ମୋ ଠାରେ/ମୋ ଉପରେ-ଆମ ଠାରେ /ଆମ ଉପରେ
(iv)	ମୋତେ/ମୋ ପାଇଁ-ଆମକୁ/ଆମ ପାଇଁ		

ତୁ *(You) Second Person*

(i)	ତୁ- ତୁମେ/ଆପଣ	(v)	ତୋ ଠାରୁ-ତୁମ ଠାରୁ
(ii)	ତୋତେ-ତୁମକୁ	(vi)	ତୋର-ତୁମର
(iii)	ତୋ ଠାରେ/ତୋ ଦ୍ୱାରା- ତୁମ ଠାରେ/ତୁମ ଦ୍ୱାରା	(vii)	ତୋ ଉପରେ-ତୁମ ଉପରେ
(iv)	ତୋତେ/ତୋ ପାଇଁ- ତୁମକୁ/ତୁମ ପାଇଁ		

ସେ *(He/She/It) Third Person*

(i)	ସେ-ସେମାନେ	(v)	ତା ଠାରୁ-ସେମାନଙ୍କ ଠାରୁ
(ii)	ତାକୁ-ତାଙ୍କୁ ସେମାନଙ୍କୁ	(vi)	ତାର/ତାହାର-ତାଙ୍କର/ ସେମାନଙ୍କର
(iii)	ତା ଦ୍ୱାରା- ସେମାନଙ୍କ ଦ୍ୱାରା	(vii)	ତା ଠାରେ/ତା ଉପରେ-ତାଙ୍କ ଠାରେ /ସେମାନଙ୍କ ଉପରେ
(iv)	ତାକୁ/ତା ପାଇଁ-ସେମାନଙ୍କୁ/ସେମାନଙ୍କ ପାଇଁ		

ଆପଣ ଆଦରସୂଚକ (You-honorific) Second Person

ଏକବଚନ— 1. ଆପଣ, 2. ଆପଣଙ୍କୁ, 3. ଆପଣଙ୍କ ଦ୍ୱାରା, 4. ପାଇଁ (ଙ୍କୁ), 5. ଠାରୁ, 6. ଙ୍କ, 7. ଠାରେ (ଉପରେ)

ବହୁବଚନ— 1. ଆପଣମାନଙ୍କ/ଆପଣମାନେ, 2. ଆପଣମାନଙ୍କୁ, 3. ଆପଣମାନଙ୍କ ଦ୍ୱାରା, 4. ଆପଣମାନଙ୍କୁ/ଆପଣମାନଙ୍କ ପାଇଁ, 5. ଆପଣମାନଙ୍କ ଠାରୁ, 6. ଆପଣମାନଙ୍କ, 7. ଆପଣମାନଙ୍କ ଠାରେ/ଆପଣମାନଙ୍କ ଉପରେ ।

Let us use some pronouns as in the following sentences:

1. ମୁଁ ଏ ବାବଦରେ କିଛି ଜାଣିନାହିଁ ।	I do not know anything about it.
2. ଆମେ ସେଠାକୁ ଯିବାକୁ ଚାହୁଁନାହୁଁ ।	We do not want to go there.
3. ସେ ଏବେ କ'ଣ କରିବ ?	What will he do now?
4. ଏହା ଏକବାରେ ଠିକ୍ ଅଟେ ।	It is quite right.
5. ଆପଣ ପୁନାରେ କେଉଁଠି ରହିବେ ?	Where will you stay at Pune?
6. ମୁଁ ନିଜେ ସେଠାରେ ଉପସ୍ଥିତ ଥିଲି ।	I myself was present there.
7. କେହି ଆସିବାର ଅଛି ।	Someone has to come.
8. ଏମିତି କିଏ କହୁଛି ?	Who says it?
9. ଏବେ ଆପଣଙ୍କର କ'ଣ ଦରକାର ?	What do you want now?
10. କିଛି ଫଳ ଖାଇଦିଅ ।	Take some fruit.

REMARKS

The pronouns ଆପଣ (āpana), ତୁମେ (tume) and ତୁ (tu) have different honorific values.

ଆପଣ is used in addressing one's seniors. It is used with a third person plural verb whether the reference is to one person or more than one. ତୁମେ tume is used in addressing one's relatives or close friends. It is also used to address persons of lower status than the speaker.

ତୁ (tu) expresses the feelings of contempt and insignificance.

12TH STEP ୧୨ତମ ସୋପାନ

ADJECTIVE
ବିଶେଷଣ

ବିଶେଷଣ (Adjective) is a word used to qualify a noun or a pronoun. Odia has six kinds of Adjectives—

(1) ଗୁଣବାଚକ Qualitative

(2) ଅବସ୍ଥାବାଚକ Situational

(3) ସଂଖ୍ୟାବାଚକ Numeral

(4) ପୂରଣବାଚକ Perticular Numeral

(5) ପରିମାଣବାଚକ Quantitative

(6) ସାର୍ବନାମିକ Pronominal or Demonstrative

Let us use adjectives as in the following sentences—

(i) ଗୌରବ ଭଲ ପିଲା ଅଟେ । Gaurav is a good boy.

(ii) ବେଦ ହେଉଛି ଚାରି ପ୍ରକାର । There are four Vedas.

(iii) ପାଞ୍ଚ ଲିଟର କ୍ଷୀର ଆଣ । Bring five litres of milk.

(iv) ଏହି ପୁସ୍ତକ ମୋର ଅଟେ । This book is mine.

'ଭଲ ପିଲା', 'ଚାରି ବେଦ', 'ପାଞ୍ଚ ଲିଟର କ୍ଷୀର' and 'ଏହି ପୁସ୍ତକ'–in these phrases, ଭଲ, ଚାରି, ପାଞ୍ଚ and ଏହି are ଗୁଣବାଚକ, ସଂଖ୍ୟାବାଚକ, ପରିମାଣବାଚକ and ସାର୍ବନାମିକ ବିଶେଷଣ respectively.

ବିଶେଷଣର ତୁଳନାବସ୍ଥା Comparison in Adjectives

1. ସୋନିୟା ଡେଙ୍ଗୀ ଅଟେ ।
2. ଆଭା ସୋନିୟା ଠାରୁ ଡେଙ୍ଗୀ ଅଟେ ।
3. ମିନାକ୍ଷୀ ସବୁଠାରୁ ଡେଙ୍ଗୀ ଅଟେ ।

We see in the above sentences, three degrees of adjective ଡେଙ୍ଗୀ । Odia adjectives do not have any separate form to show the degrees of comparison. But some adjectives have different forms of degrees, such as:

Positive	*Comparative*	*Superlative*
ଉଚ୍ଚ	ଉଚ୍ଚତର	ଉଚ୍ଚତମ
ନିମ୍ନ	ନିମ୍ନତର	ନିମ୍ନତମ
ସରଳ	ସରଳତର	ସରଳତମ
ଲଘୁ	ଲଘୁତର	ଲଘୁତମ
ଅଧିକ	ଅଧିକତର	ଅଧିକତମ
ଦୀର୍ଘ	ଦୀର୍ଘତର	ଦୀର୍ଘତମ
ଶ୍ରେଷ୍ଠ	ଶ୍ରେଷ୍ଠତର	ଶ୍ରେଷ୍ଠତମ
ନିକଟ	ନିକଟତର	ନିକଟତମ
ପ୍ରିୟ	ପ୍ରିୟତର	ପ୍ରିୟତମ
ନବୀନ	ନବୀନତର	ନବୀନତମ

Some adjectives are given in the following columns—

Qualitative	*Numeral*	*Quantitative*	*Pronominal*
ନୂଆ	ଦଶ	ଦଶ (କିଲୋ)	ଏହା (କଲମ)
(New)	(Ten)	Ten (kilo)	This (Pen)
ଦୈନିକ	ଅଧା	ସାରା (ଧନ)	ତାହା (ଗାଈ)
(Daily)	(Half)	All (the Money)	That (Cow)

ସୁନ୍ଦର	ଚୌଥ	କିଛି କ୍ଷୀର	କୁକୁର
(Beautiful)	(Fourth)	Some (Milk)	Which (Dog)
ସୁସ୍ଥ	ଦୁଇଗୁଣ	ଦୁଇ ମିଟର	ସେହି ପୁସ୍ତକ
(Healthy)	(Double)	Two (Metre)	That (Book)
କଳା	ଏକୁଟିଆ	ଆହୁରି ଘିଅ	ବାଳକ
(Black)	(Alone)	More (Ghee)	Which (Boy)
ଭଲ	କିଛି	ସବୁ (ପାଣି)	ସେହି (ଘରେ)
(Good)	(Some)	All (the Water)	In that (House)

ବିଶେଷଣଗୁଡ଼ିକର ରଚନା Formation of Adjectives (From Nouns)

(i) By adding– ଶାଳୀ to Nouns—

ବଳ	ବଳଶାଳୀ	ପ୍ରତିଭା	ପ୍ରତିଭାଶାଳୀ
ଶକ୍ତି	ଶକ୍ତିଶାଳୀ	ଭାଗ୍ୟ	ଭାଗ୍ୟଶାଳୀ

(ii) By adding– ବାନ or ମାନ to Nouns—

ଧନ	ଧନବାନ	ଗୁଣ	ଗୁଣବାନ
ଶ୍ରୀ	ଶ୍ରୀମାନ	ବୁଦ୍ଧି	ବୁଦ୍ଧିମାନ

(iii) By adding– ଇକ to Nouns—

ରାଜନୀତି	ରାଜନୈତିକ	ନୀତି	ନୈତିକ
ମାସ	ମାସିକ	ଉଦ୍ୟୋଗ	ଔଦ୍ୟୋଗିକ
ଇତିହାସ	ଐତିହାସିକ	ଭୂଗୋଳ	ଭୌଗୋଳିକ
ଦିନ	ଦୈନିକ	ସେନା	ସୈନିକ

(iv) By adding– ଇତ to Nouns—

ସମ୍ବନ୍ଧ	ସମ୍ବନ୍ଧିତ	ଆନନ୍ଦ	ଆନନ୍ଦିତ
ସମ୍ମାନ	ସମ୍ମାନିତ	ଶିକ୍ଷା	ଶିକ୍ଷିତ

(v) By adding– ଈୟ to Nouns—

ପର୍ବତ	ପର୍ବତୀୟ	ରାଷ୍ଟ୍ର	ରାଷ୍ଟ୍ରୀୟ
ଭାରତ	ଭାରତୀୟ	ବିଭାଗ	ବିଭାଗୀୟ

(vi) By adding– ଈ to Nouns–

ଜଙ୍ଗଲ	ଜଙ୍ଗଲୀ	ସୁଖ	ସୁଖୀ
ସନ୍ୟାସ	ସନ୍ୟାସୀ	ଦେଶ	ଦେଶୀ
ପରଦେଶ	ପରଦେଶୀ	ଲୋଭ	ଲୋଭୀ

(v) By adding– ଇଆ to Nouns—

ଚକଚକ	ଚକଚକିଆ	ସାଙ୍ଗ	ସାଙ୍ଗିଆ
କୋଳଥ	କୋଳଥିଆ	ରଙ୍ଗ	ରଙ୍ଗିଆ

REMARKS

1. (i) Usually–ସାରା, କିଛି is added to quantitative adjectives to intensify the meaning; as - ଦେଶସାରା all over nation, ଅଳ୍ପକିଛି a little.

(ii) Sometimes—ଇଆ, ଏ is used to denote the lesser degree of the quality, as— ଛୋଟିଆ କଣ୍ଢେଇ a little doll, ଟିକିଏ ଜାଗା a small space.

(iii) –ଭଳି denotes either looking or similar/like —

(a) looking—

** କଳା ଭଳି**	**black-looking**	**ଶେତା ଭଳି**	**pale-looking**
ମୋଟା ଭଳି	**fat-looking**	**ପତଳା ଭଳି**	**thin-looking**

(b) similar—

ଏକା ଭଳି	**similar**	**ତୁମ ଭଳି**	**like you**
ତା ଭଳି	**(mas.) like him**	**ମୋ ଭଳି**	**like me**
ତା ଭଳି	**(fem.) like her**	**ଆମ ଭଳି**	**like us**

13TH STEP ୧୩ତମ ସୋପାନ

VERB
କ୍ରିୟା

କ୍ରିୟା (Verb) is a word which tells us something about a person, place or thing.

Verbs are generally of two kinds— (i) Transitive and (ii) Intransitive.

(i) ସକର୍ମକ କ୍ରିୟା Transitive Verb (A word which requires an object), as— ମିନାକ୍ଷୀ କାର୍ଯ୍ୟ କରେ । Here କରେ is a transitive verb, because it requires the object (କାର୍ଯ୍ୟ) to complete its sense.
Transitive Verb is divided into two parts-(i) Ending Verb-ସମାପିକା କ୍ରିୟା, (ii) Running Verb-ଅସମାପିକା କ୍ରିୟା ।

(ii) ଅକର୍ମକ କ୍ରିୟା Intransitive Verb (A word which has no object. It completes the sense itself); as— ପୂଜା ଚାଲେ । Here ଚାଲେ is an intransitive verb because it does not require any object.

1. ସକର୍ମକ କ୍ରିୟା Transitive Verbs

କରିବା	to do	ଶୁଣିବା	to hear
ପଢ଼ିବା	to read	କହିବା	to tell
ଲେଖିବା	to write	ରଖିବା	to keep
ଦେଖିବା	to see	ନେବା	to take
ଜାଣିବା	to know	ଦେବା	to give

2. ଅକର୍ମକ କ୍ରିୟା Intransitive Verbs

ଚାଲିବା	to walk	ଆସିବା	to come
ରହିବା	to live	ଯିବା	to go
ଉଠିବା	to rise	ହେବା	to be
ଶୋଇବା	to sleep	ପଡ଼ିବା	to fall
ହସିବା	to laugh	ପହଞ୍ଚିବା	to reach

Both the verbs, transitive and intransitive, have two basic parts:

(i) ସାମାନ୍ୟ କ୍ରିୟା The Infinitive

(ii) The Root

(i) ସାମାନ୍ୟ କ୍ରିୟା is the original form of a verb always ending in 'ବା', as 'ପଢ଼ିବା' (to read), ରଖିବା (to put), ଚାଲିବା (to walk), etc.

(ii) is obtained by cutting off the ବା from the infinitive as ପଢ଼ (read), ରଖ (put), ଚାଲ (walk), etc.

Actually all the verbs take their forms from ଧାତୁ– the root. In other words, the root is basic verb and the addition of ବା gives it its ସାମାନ୍ୟ ରୂପ – the infinitive form.

Let us learn some infinitive verbs (transitive and intransitive verbs) and memorize their roots.

Transitive Verbs

Infinitives		*Roots*	*Infinitives*		*Roots*
କିଣିବା	to buy	କ୍ରୟ	ଖାଇବା	to eat	ଖା
ବିକିବା	to sell	ବିକ୍ରୟ	ପିଇବା	to drink	ପି
ବୁଝିବା	to understand	ବୁଝ	କହିବା	to speak	କହ
ଧୋଇବା	to wash	ଧୋ	ଧରିବା	to catch	ଧର
ଗାଇବା	to sing	ଗା	ଭାଙ୍ଗିବା	to break	ଭାଙ୍ଗ

Intransitive Verbs

Infinitives		**Roots**	**Infinitives**		**Roots**
ରହିବା	to stay	ରହ	ଦେଖାଯିବା	to appear	ଦେଖା
ଡରିବା	to fear	ଡର	ହସିବା	to laugh	ହସ
କାନ୍ଦିବା	to weep	କାନ୍ଦ	ଖେଳିବା	to play	ଖେଳ
ମରିବା	to die	ମର	କଳିକରିବା	to quarrel	କଳି
ବାହାରିବା	to come out	ବାହାର	ହେବା	to be	ହ

ବିଧି ରୂପ Imperative Mood

The imperative mood is used when we command, advise or request any person to do a thing.

Look at the following sentences carefully—

(1)	ନିବନ୍ଧ ଲେଖ ।	Write an essay.
	ଏଠାରେ ବସ ।	Sit here.
	ଚାହା ଆଣ ।	Bring the tea.
	ତାଙ୍କୁ ଡାକ ।	Call him.
	ପୁସ୍ତକ ପଢ଼ ।	Read the book.
(2)	କ୍ଷୀର ଆଣ ।	Bring the milk.
	ଶାନ୍ତ ରୁହ ।	Keep quiet.
	ଗୀତ ଗାଅ ।	Sing a song.
	ଝରକା ଖୋଲ ।	Open the window.
	କାମ କର ।	Do the work.
(3)	ଦୟାକରି ଆସନ୍ତୁ ।	Please come.
	ଦୟାକରି ଘରେ ରୁହନ୍ତୁ ।	Stay at home please.
	ଦୟାକରି ବାହାରକୁ ଯାଆନ୍ତୁ ।	Please go out.

Watch the sentences of group (1), (2) and (3). You will find some differences among them. One thing is common in these sentences, i.e. the subject ତୁ, ତୁମେ and ଆପଣ are omitted respectively.

(i) ତୁ is generally used to address the person who is below your level. It is not used for addressing equals. Examples:

ରାମୁ (ତୁ) ଦୁଇ କପ୍ ଚାହା ଆଣ୍ । Ramu, bring two cups of tea.

(ii) ତୁମେ is used while we address friends, equals or those youngers than us. Examples:

ଭାଇ, ତୁମେ ଆଜି ବିଦ୍ୟାଳୟ କାହିଁକି ଗଲନାହିଁ ? Brother, why did you not go to the school today?

ଦେବେନ୍ଦ୍ର, ମୋ ଘରକୁ ନିଶ୍ଚୟ ଆସିବ । Devendra, do come to my house.

(iii) ଆପଣ is used for addressing superiors and persons whom we wish to respect. Examples:

ମାମୁ, ଆପଣ ମୋ ସହିତ ଆସନ୍ତୁ । Uncle, come with me, please.

ମହାଶୟ, ଦୟାକରି ଆପଣ ମୋ କଥା ଶୁଣନ୍ତୁ । Sir, you listen to me, please.

ନା may be used to express the meaning of negative. It may be used after a verb. Examples:

ହସନା ।	Don't laugh.
କାନ୍ଦନା ।	Don't weep.
ପାଟିତୁଣ୍ଡ କରନା ।	Don't make a noise.
ସେଠାରେ ବସନା ।	Don't sit there, please.

REMARKS

1. ଧାତୁ or Root of the verb is ascertained by removing 'ଇବା' of the infinitive verb—i.e., root is ଖା of infinitive verb ଖାଇବା, ପି of infinitive verb ପିଇବା.

2. Imperative sentences in Odia, are formed in two ways—

(a) in ordinary way, and

(b) in honorific way.

(a) Again in ordinary way, the imperative sentences are formed

(i) by using the root ଧାତୁ of the verb ଖା, ପଢ଼୍, ଲେଖ୍ etc. and

(ii) by adding ଅ vowel or its sign to the root of the verb, as ଖାଅ, ପଢ଼, ଲେଖ etc.

(b) Honorific imperatives are formed by adding ଅନ୍ତୁ sign to the root of the verb, as—

ଖାଆନ୍ତୁ, ପଢ଼ନ୍ତୁ, ଲେଖନ୍ତୁ etc.

14TH STEP ୧୪ତମ ସୋପାନ

TENSE (1)

କାଳ (1)

କାଳ (Tense) of a verb shows the time of an action. There are three main tenses in Odia:

(i)	ବର୍ତ୍ତମାନ କାଳ	Present Tense
(ii)	ଭବିଷ୍ୟତ କାଳ	Future Tense
(iii)	ଅତୀତ କାଳ	Past Tense

We shall study all the three tenses turn by turn.

ବର୍ତ୍ତମାନ କାଳ Present Tense

The Present tense may be divided into three kinds:

(1)	ସାମାନ୍ୟ ବର୍ତ୍ତମାନ	Present Indefinite
(2)	ତତ୍କାଳିକ ବର୍ତ୍ତମାନ	Present Continuous
(3)	ସମ୍ଭାବ୍ୟ ବର୍ତ୍ତମାନ	Doubtful Present

1. ସାମାନ୍ୟ ବର୍ତ୍ତମାନ Present Indefinite

Here is the conjugation of ହେବା (be) in the present tense.

	Tense Form
1st Person:	ମୁଁ ଅଟେ । (I am.)
	ଆମେ ଅଟୁ । (We are.)
2nd Person:	ତୁ ଅଟୁ । ତୁମେ ଅଟ । ଆପଣ ଅଟନ୍ତି । (You are.)
	ତୁମେମାନେ ଅଟ । ଆପଣମାନେ ଅଟନ୍ତି । (You are.)
3rd Person:	ସେ ଅଟେ । (He is. / She is.)
	ସେମାନେ ଅଟନ୍ତି । (They are.)

ହେବା (be) is a helping verb. It helps the main verb. The following is the conjugation of main verb ପଢ଼ (read) in the present indefinite.– ଏ–ଅନ୍ତି–ଅନ୍ତୁ (the suffixes) are added to the root.

1st Person:	ମୁଁ ପଢ଼େ ।	I read.
	ଆମେ ପଢ଼ୁ ।	We read.

2nd Person:	ତୁ ପଢୁ ।	You read.
	ତୁମେ ପଢ଼ ।	You read.
3rd Person:	ସେ ପଢ଼େ ।	He/She reads.
	ସେମାନେ ପଢ଼ନ୍ତି ।	They read.

Other verbs are also conjugated in the same way.

When we wish to form a negative sentence in present indefinite, we put ନାହିଁ/ନାହୁଁ after the main verb. Examples:

ଆମେ ପଢୁ ନାହୁଁ ।	We do not read.
ତୁ ପଢୁ ନାହୁଁ ।	You do not read.
ସେମାନେ ପଢ଼ନ୍ତି ନାହିଁ ।	They do not read.

2. ତତ୍କାଳିକ ବର୍ତ୍ତମାନ Present Continuous—

(The root following the form ଅଛି accordingly)

1st Person:	ମୁଁ ଖାଉଅଛି ।	I am eating.
	ଆମେ ଖାଉଅଛୁ ।	We are eating.
2nd Person:	ତୁ ଖାଉଅଛୁ ।	You are eating.
	ତୁମେ ଖାଉଅଛ ।	You are eating.
3rd Person:	ସେ ଖାଉଅଛି ।	He/She is eating.
	ସେମାନେ ଖାଉଛନ୍ତି ।	They are eating.

3. ସମ୍ଭାବ୍ୟ ବର୍ତ୍ତମାନ Doubtful Present—

The root following the form ଅଛି (ଥିବି, ଥିବୁ, ଥିବ, ଥିବେ).

1st Person—

Singular:	ମୁଁ ଯାଉଥିବି ।	I may be going.
Plural:	ଆମେ ଯାଉଥିବୁ ।	We may be going.

2nd Person—

Singular:	ତୁ ଯାଉଥିବୁ ।	You may be going.
Plural:	ତୁମେ ଯାଉଥିବ ।	We may be going.

3rd Person—

Singular:	ସେ ଯାଉଥିବ ।	He may be going. She may be going.
Plural:	ସେମାନେ ଯାଉଥିବେ ।	They may be going.

ଭବିଷ୍ୟତ କାଳ Future Tense

The future tense may be divided into two kinds:

(1) ସାମାନ୍ୟ ଭବିଷ୍ୟତ — Future Indefinite.

(2) ସମ୍ଭାବ୍ୟ ଭବିଷ୍ୟତ — Contingent Future.

1. ସାମାନ୍ୟ ଭବିଷ୍ୟତ Future Indefinite—

(–ଇବି, –ଇବ, –ଇବୁ, –ଇବେ etc., are added to the root of the verb).

Here is the conjugation of ଦେଖ in the Future Indefinite.

1st Person –	ମୁଁ ଦେଖିବି ।	I shall see.
	ଆମେ ଦେଖିବୁ ।	We shall see.
2nd Person –	ତୁ ଦେଖିବୁ ।	You will see.
	ତୁମେ ଦେଖିବ ।	You will see.
3rd Person –	ସେ ଦେଖିବ ।	He/She will see.
	ସେମାନେ ଦେଖିବେ ।	They will see.

2. ସମ୍ଭାବ୍ୟ ଭବିଷ୍ୟତ Contingent Future—

This tense is formed by adding –ପାରେ, –ପାରୁ, –ପାର –ପାରନ୍ତି, to the root according to person and number.

Following is the conjugation of ଖେଳ in the Contingent Future—

Ist Person –	ମୁଁ ଖେଳିପାରେ ।	I may play.
	ଆମେ ଖେଳିପାରୁ ।	We may play.
2nd Person –	ତୁ ଖେଳିପାରୁ ।	You may play.
	ତୁମେ ଖେଳିପାର ।	You may play.
3rd Person –	ସେ ଖେଳିପାରେ ।	He may play.
	ସେମାନେ ଖେଳିପାରନ୍ତି ।	They may play.

Contingent Future expresses ଭବିଷ୍ୟତରେ ସମ୍ଭାବନା (possibility in Future), ଇଚ୍ଛା (willingness), ପ୍ରସ୍ତାବ (suggestion), ଉଦ୍ଦେଶ୍ୟ (purpose), ସର୍ତ୍ତ (condition), etc. Examples:

(i) ଭବିଷ୍ୟତରେ ସମ୍ଭାବନା, ଥାଉ ନଥାଉ-
କାଳେ ସେ ଆସିଯିବ । — Lest he may come.

(ii) ଭବିଷ୍ୟତରେ ଇଚ୍ଛା-
ଅନୁକୁ କୁହ ଯେ ବହିଗୁଡ଼ିକ ଆଣିବ । — Ask Anu to bring the books.

(iii) ଭବିଷ୍ୟତରେ ପ୍ରସ୍ତାବ-
ଏମିତି କାହିଁକି ନ କରିବା ? — Why not do this?

(iv) ଭବିଷ୍ୟତରେ ଉଦ୍ଦେଶ୍ୟ—
ତୁମେ ଜଣେ ବୈଜ୍ଞାନିକ ହୁଅ । — You become a scientist.

(v) ଭବିଷ୍ୟତରେ ସର୍ତ୍ତ—
ଯଦି ସେମାନେ ଆସିବେ ତେବେ ତୁମେ ମଧ୍ୟ ଚାଲି ଆସିବ । — If they come, you also come.

REMARKS

I have just finished it - ମୁଁ ଏହାକୁ ଏବେ ସମାପ୍ତ କରିଛି ।

In English, the above sentence is in present perfect. But in Odia, it is not in the present tense. It is called in ଆସନ୍ନ ଅତୀତ.

'I have just finished it' can be expressed in two ways in Odia—

(i) ମୁଁ ଏହାକୁ ଏବେ ସମାପ୍ତ କରିଛି ।

(ii) ମୁଁ ଏହାକୁ ଏବେ ସମାପ୍ତ କରି ସାରିଛି ।

As you know, ଆସନ୍ନ ଅତୀତ is formed by adding ଛି in the singular and ଛନ୍ତି in the plural, to the Indefinite Past (ସାମାନ୍ୟ ଅତୀତ) With ତୁମେ and ମୁଁ, ଛ and ଛି are added respectively.

15TH STEP ୧୫ତମ ସୋପାନ

TENSE (2)
କାଳ (2)

ଅତୀତ କାଳ Past Tense

There are six kinds of Past Tense in Odia:

(1) ସାମାନ୍ୟ ଅତୀତ କାଳ — Past Indefinite Tense

(2)	ଆସନ୍ନ ଅତୀତ କାଳ	Present Perfect Tense
(3)	ପୂର୍ଣ୍ଣ ଅତୀତ କାଳ	Past Perfect Tense
(4)	ସନ୍ଦିଗ୍ଧ ଅତୀତ କାଳ	Past Doubtful Tense
(5)	ତତ୍କାଳିକ ଅତୀତ କାଳ	Past Continuous Tense
(6)	ସର୍ତ୍ତମୂଳକ ଅତୀତ କାଳ	Past Conditional Tense

(1) ସାମାନ୍ୟ ଅତୀତ Past Indefinite—

The past without any definite time or its condition.

The term is formed by adding ଲ, ଲା, ଲି, ଲୁ to the root.

ସକର୍ମକ କ୍ରିୟା 'କରିବା'

(Transitive Verb 'to do')

1st Person —	Singular	ମୁଁ କଲି	I did.
	Plural	ଆମେ କଲୁ	We did.
2nd Person —	Singular	ତୁ କଲୁ	You did.
	Plural	ତୁମେ କଲ	You did.
3rd Person —	Singular	ସେ କଲା	He/She did.
	Plural	ସେମାନେ କଲେ	They did.

ଅକର୍ମକ କ୍ରିୟା 'ହସିବା'

(Intransitive Verb 'to laugh')

1st Person —	Singular	ମୁଁ ହସିଲି	I laughed.
	Plural	ଆମେ ହସିଲୁ	We laughed.
2nd Person —	Singular	ତୁ ହସିଲୁ	You laughed.
	Plural	ତୁମେ ହସିଲ	You laughed.
3rd Person —	Singular	ସେ ହସିଲା	He/She laughed.
	Plural	ସେମାନେ ହସିଲେ	They laughed.

(2) ଆସନ୍ନ ଅତୀତ Present Perfect—

The tense which shows an action just finished—

Examples— ମୁଁ କରିଛି – I have done.

ମୁଁ ହସିଛି – I have laughed.

ସକର୍ମକ କ୍ରିୟା 'କରିବା'

(Transitive Verb 'to do')

Singular : ମୁଁ/ତୁ/ସେ କରିଛି ।

Plural : ଆମେ/ତୁମେ/ସେମାନେ କରିଛନ୍ତି ।

ଅକର୍ମକ କ୍ରିୟା 'ହସିବା'

(Intransitive Verb 'to laugh')

1st Person —	Singular	ମୁଁ ହସିଛି
	Plural	ଆମେ ହସିଛୁ
2nd Person —	Singular	ତୁ ହସିଛୁ
	Plural	ତୁମେ ହସିଛ
3rd Person —	Singular	ସେ ହସିଛି
	Plural	ସେମାନେ ହସିଛନ୍ତି

(3) ପୂର୍ଣ୍ଣ ଅତୀତ Past Perfect—

The tense which shows the action finished long ago—

Examples —	ମୁଁ କରିଥିଲି –	I had done.
	ମୁଁ ହସିଥିଲି –	I had laughed.

ସକର୍ମକ କ୍ରିୟା 'କରିବା'

(Transitive Verb 'to do')

Singular : ମୁଁ କରିଥିଲି/ତୁ କରିଥିଲୁ/ସେ କରିଥିଲା ।

Plural : ଆମେ କରିଥିଲୁ/ତୁମେ କରିଥିଲ/ସେମାନେ କରିଥିଲେ ।

ଅକର୍ମକ କ୍ରିୟା 'ହସିବା'

(Intransitive Verb 'to laugh')

Singular : ମୁଁ ହସିଥିଲି/ତୁ ହସିଥିଲୁ/ସେ ହସିଥିଲା ।

Plural : ଆମେ ହସିଥିଲୁ/ତୁମେ ହସିଥିଲ/ସେମାନେ ହସିଥିଲେ ।

(4) ସନ୍ଦିଗ୍ଧ ଅତୀତ Past Doubtful—

An action which might have taken place in the past.

Examples —	ମୁଁ କରିଥିବି –	I might have done.
	ମୁଁ ହସିଥିବି –	I might have laughed

ସକର୍ମକ କ୍ରିୟା 'କରିବା'

(Transitive Verb 'to do')

Singular : ମୁଁ କରିଥିବି/ତୁ କରିଥିବୁ/ସେ କରିଥିବ ।

Plural : ଆମେ କରିଥିବୁ/ତୁମେ କରିଥିବ/ସେମାନେ କରିଥିବେ ।

ଅକର୍ମକ କ୍ରିୟା 'ହସିବା'

(Intransitive Verb 'to laugh')

1st Person —	Singular	ମୁଁ ହସିଥିବି ।
	Plural	ଆମେ ହସିଥିବୁ ।

2nd Person —	Singular	ତୁ ହସିଥିବୁ ।
	Plural	ତୁମେ ହସିଥିବ ।
3rd Person —	Singular	ସେ ହସିଥିବ ।
	Plural	ସେମାନେ ହସିଥିବେ ।

(5) ଅପୂର୍ଣ୍ଣ ଅତୀତ Past Continuous—

The tense which indicates an action going on in the past.

Examples —	ମୁଁ କରୁଥିଲି –	I was doing.
	ମୁଁ କରି ଆସୁଥିଲି –	I was doing.
	ମୁଁ ହସୁଥିଲି –	I was laughing.
	ମୁଁ ହସି ଆସୁଥିଲି –	I was laughing.

ସକର୍ମକ କ୍ରିୟା 'କରିବା'

(Transitive Verb 'to do')

Singular :	ମୁଁ/ତୁ/ସେ	କରୁଥିଲି/କରୁଥିଲୁ/କରୁଥିଲା
Plural :	ଆମେ/ତୁମେ/ସେମାନେ	କରୁଥିଲୁ/କରୁଥିଲ/କରୁଥିଲେ

ଅକର୍ମକ କ୍ରିୟା 'ହସିବା'

(Intransitive Verb 'to laugh')

Singular :	ମୁଁ/ତୁ/ସେ	ହସୁଥିଲି/ହସୁଥିଲୁ/ହସୁଥିଲା
Plural :	ଆମେ/ତୁମେ/ସେମାନେ	ହସୁଥିଲୁ/ହସୁଥିଲ/ହସୁଥିଲେ

(6) ସର୍ତ୍ତମୂଳକ ଅତୀତ Past Conditional—

An action which would have been carried out if a certain condition had been fulfilled in the past. Examples:

ଯଦି	ମୁଁ କରିଥାନ୍ତି...	(If) I had done...
ଯଦି	ମୁଁ ହସିଥାନ୍ତି...	(If) I had laughed...

ସକର୍ମକ କ୍ରିୟା 'କରିବା'

(Transitive Verb 'to do')

Singular :	ଯଦି	ମୁଁ/ତୁ/ସେ...	କରିଥାନ୍ତି/କରିଥାନ୍ତୁ/କରିଥାନ୍ତା
Plural :	ଯଦି	ଆମେ/ତୁମେ/ସେମାନେ...	କରିଥାନ୍ତୁ/କରିଥାନ୍ତ/କରିଥାନ୍ତେ

ଅକର୍ମକ କ୍ରିୟା 'ହସିବା'

(Intransitive Verb 'to laugh')

Singular :	ଯଦି	ମୁଁ/ତୁ/ସେ...	ହସିଥାନ୍ତି/ହସିଥାନ୍ତୁ/ହସିଥାନ୍ତା
Plural :	ଯଦି	ଆମେ/ତୁମେ/ସେମାନେ...	ହସିଥାନ୍ତୁ/ହସିଥାନ୍ତ/ହସିଥାନ୍ତେ

REMARKS

The Past Impertect Tense indicates two types of actions—

(i) The action which was going on in the past; as—Rakhi was doing it ରାକ୍ଷୀ ଏହାକୁ କରୁଥିଲା ।

(ii) The action which was repeated in the past; as—Rakhi was doing it. ରାକ୍ଷୀ ଏହାକୁ କରି ଆସୁଥିଲା ।

English sentences like 'A king was living in the thick forest', are better translated into Odia by the past continuous tense:

'A king was living in the thick forest' 'ଜଣେ ରାଜା ଘଞ୍ଚ ଜଙ୍ଗଲରେ ରହୁଥିଲେ ।' (ଅର୍ଥାତ୍, ରହି ଆସୁଥିଲେ)।

16TH STEP ୧୬ତମ ସୋପାନ

VOICE

ବାଚ୍ୟ

As we know, there are two kinds of voice in English. But in Odia, there are three kinds of voice, namely:

(i)	କର୍ତ୍ତୃ ବାଚ୍ୟ	Active voice
(ii)	କର୍ମ ବାଚ୍ୟ	Passive voice
(iii)	ଭାବ ବାଚ୍ୟ	Impersonal voice.

The function of the voice is to show whether in a particular sentence the subject or the object of a verb is prominent.

In the *Active voice,* the importance is given to the subject. For example:

ମୁଁ ପତ୍ର ଲେଖେ । I write a letter.

In this sentence ମୁଁ (subject) is important hence the stress is on it. But if the object is to be given prominence, the verb gets an additional 'ହିବା' in the past tense and the subject takes the case-ending ଦ୍ୱାରା (by). Then it becomes *Passive voice*.

ମୋ ଦ୍ୱାରା ପତ୍ର ଲେଖାଯାଏ । The letter is written by me.

In the *Impersonal voice,* the verb used is to be transitive and remains in the third person irrespective of the number of the object or subject. In the third person its number is always singular.

ମୁଁ ପଢ଼ିପାରିବି ନାହିଁ । I cannot read. (Active voice)

ମୋ ଦ୍ୱାରା ପଢ଼ାଯାଇ ପାରିବ ନାହିଁ । I cannot read. (Impersonal voice)

Here, ପଢ଼ା the verb holds the main position. Hence the sentence denotes ଭାବ ବାଚ୍ୟ ।

ବାଚ୍ୟ ପରିବର୍ତ୍ତନ Change of Voice

When we change a sentence from the Active voice to the Passive voice, the object of the Active voice becomes the subject of the Passive voice and vice versa.

The Passive voice is formed by adding related tense forms of ହିବା to the past tense and ଦ୍ୱାରା with the subject.

Examples:

Active	: ମୁଁ ଫୁଲ ତୋଳିଲି ।	I pluck the flower.
Passive	: ମୋ ଦ୍ୱାରା ଫୁଲ ତୋଳାଗଲା ।	The flower was plucked by me.
Active	: ସେ ଗୀତ ଗାଇଲା ।	She is singing a song.
Passive	: ତା ଦ୍ୱାରା ଗୀତ ଗାଇବା ହେଲା ।	A song was sung by her.
Actice	: ରାମ ରାବଣଙ୍କୁ ହତ୍ୟା କଲେ ।	Rama killed Ravana.
Passive	: ରାବଣ ରାମଙ୍କ ଦ୍ୱାରା ହତ୍ୟା କରାଗଲା ।	Ravana was killed by Rama.
Active	: ଶାହଜାହାନ୍ ତାଜମହଲ ତିଆରି କରାଇଥିଲେ ।	Shah Jahan built the Taj Mahal.
Passive	: ତାଜମହଲ ଶାହଜାହାନ୍‌ଙ୍କ ଦ୍ୱାରା ତିଆରି କରାଯାଇଥିଲା ।	The Taj Mahal was built by Shah Jahan.

The Impersonal voice is formed by only intransitive verbs. Examples:

Active	: ଘୋଡ଼ା ଚାଲିପାରୁ ନାହିଁ ।	The horse cannot walk.
Impersonal	: ଘୋଡ଼ା ଦ୍ୱାରା ଚାଲିବା ହେଉନାହିଁ ।	The horse cannot walk.

The English version of the Impersonal voice is the same as the Active voice, because in English, there is no Impersonal voice.

REMARKS

ଭାବ ବାଚ୍ୟ or Impersonal voice is rarely used. It is mostly used negatively to express inability. Here the main verb does not change in any way and remains singular, past participle position (ପଢ଼ା ଲେଖା ସୁଆ ଚଲା etc.) ସେ ଚାଲି ପାରୁନାହିଁ। ମୁଁ ବଞ୍ଚି ପାରୁନାହିଁ। ରୋଗିଟି ଶୋଇ ପାରୁନାହିଁ। These sentences cannot be translated into English in the same tone, because, sentences containing an intransitive verb do not admit of a passive voice in English. The meaning of the above sentence is 'I am unable to walk. I cannot live. The patient cannot sleep'.

17TH STEP ୧୭ତମ ସୋପାନ

SECONDARY VERBS
ଯୌଗିକ କ୍ରିୟା

1. ପ୍ରେରଣାର୍ଥକ କ୍ରିୟା Causal Verb

ପ୍ରେରଣାର୍ଥକ କ୍ରିୟା (Causal verb) shows an effect to cause others to do something. Examples:

(i) ଏହି ପତ୍ର ମିନାକ୍ଷୀ ଦ୍ୱାରା ଲେଖାଅ।	Get Minakshi to write this letter.
(ii) ମୁଁ ଧୋବା ଦ୍ୱାରା ପୋଷାକ ଇସ୍ତ୍ରୀ କରାଇଲି।	I got the clothes pressed by the washerman.

These are causal verbs ଲେଖାଅ କରାଇଲି (forms of ଲେଖାଇବା and କରାଇବା) in the above sentences.

Most of the verbs in Odia have two Causal verbs. The first one shows the immediate causation and the second one remoteness. Examples: ପଢ଼ିବା (to read), ପଢ଼ାଇବା (to make read), ଦ୍ୱାରା ପଢ଼ାଇବା (to cause to read).

There are certain rules in forming the Causal verb. These rules are as follows:

(a) No change occurs in roots. Examples:

Root	Infinitive	1st Causative	2nd Causative
	[–ବା]	[–ଇବା]	[–ଦ୍ୱାରା]
କର	କରିବା	କରାଇବା	ଦ୍ୱାରା କରାଇବା
ପଢ଼	ପଢ଼ିବା	ପଢ଼ାଇବା	ଦ୍ୱାରା ପଢ଼ାଇବା
ଶୁଣ	ଶୁଣିବା	ଶୁଣାଇବା	ଦ୍ୱାରା ଶୁଣାଇବା
ଲେଖା	ଲେଖିବା	ଲେଖାଇବା	ଦ୍ୱାରା ଲେଖାଇବା
ଉଠ	ଉଠିବା	ଉଠାଇବା	ଦ୍ୱାରା ଉଠାଇବା

(b) The first vowel of two lettered roots is shortened: ଆ to ଅ ଈ ଏ ଐ to ଇ ଊ ଓ ଔ to ଉ। Examples:

Root	Infinitive	1st Causative	2nd Causative
କହ	କହିବା	କୁହାଇବା	ଦ୍ୱାରା କୁହାଇବା
ଜଗ	ଜଗିବା	ଜଗାଇବା	ଦ୍ୱାରା ଜଗାଇବା
ଜିତ	ଜିତିବା	ଜିତାଇବା	ଦ୍ୱାରା ଜିତାଇବା
ଗଡ଼	ଗଡ଼ିବା	ଗଡ଼ାଇବା	ଦ୍ୱାରା ଗଡ଼ାଇବା
ଖୋଲ	ଖୋଲିବା	ଖୋଲାଇବା	ଦ୍ୱାରା ଖୋଲାଇବା

(c) Roots ending in long vowels have ଆ before causal addition. Examples:

Root	Infinitive	1st Causative	2nd Causative
ଖା	ଖାଇବା	ଖୁଆଇବା	ଦ୍ୱାରା ଖୁଆଇବା
ଜାଣ	ଜାଣିବା	ଜଣାଇବା	ଦ୍ୱାରା ଜଣାଇବା
ଦେ	ଦେବା	ଦିଆଇବା	ଦ୍ୱାରା ଦିଆଇବା
ପି	ପିଇବା	ପିଆଇବା	ଦ୍ୱାରା ପିଆଇବା
ଦୌଡ଼	ଦୌଡ଼ିବା	ଦୌଡ଼ାଇବା	ଦ୍ୱାରା ଦୌଡ଼ାଇବା

It is worth remembering that some verbs do not form causals. They are as follows—

ଆସିବା	ଯିବା	ପାଇବା	ପାରିବା
ହେବା	ପଡ଼ିବା	ରହିବା	ସୁସ୍ଥାଇବା
ଲାଜେଇବା	କୁନ୍ଥେଇବା		

2. ସହାୟକ କ୍ରିୟା Auxiliary verb

ସହାୟକ କ୍ରିୟା (Auxiliary verb) helps to form a tense or mood of some principal verb. While conjugating, changes occur in the auxiliary verb and the principal verb remains unchanged.

ପାରିବା and ପଡ଼ିବା are independent verbs, but they can also be used as helping verbs in Odia. Indeclinable ଉଚିତ can also be used as helping verb.

(a) **ପାରିବା** *(to express ability or permission):*

(i) ଆମେ ଏହାକୁ ନିଜେ-ନିଜେ ସମାଧାନ କରି ପାରିବୁ ।	We can solve it ourselves. (Ability)
(ii) ମୁଁ ଓଡ଼ିଆ ପଢ଼ି ଓ ଲେଖି ପାରିବି ।	I can read and write Odia. (Ability)
(iii) ମୁଁ ଭିତରକୁ ଆସିପାରେ କି, ମହାଶୟ ?	May I come in, Sir? (Permission)
(iv) ଏବେ ଆପଣ ଯାଇପାରନ୍ତି ।	Now you can go. (Permission)

(b) **ସାରିବା** *(to express completion of an action):*

(i) ଆମେ ସବୁ ଖାଦ୍ୟ ଖାଇ ସାରିଛୁ ।	All of us have taken our meal.
(ii) ନେତାଜୀ ପୂର୍ବରୁ ହିଁ ଆସି ସାରିଥିଲେ ।	Nataji had already come.

(c) **ଉଚିତ** *(to denote duty, determination or moral obligation)–In the sense of* ଉଚିତ୍ *'should', 'must' or 'ought to' are used.*

(i) ପ୍ରତ୍ୟେକଙ୍କୁ ନିଜ କର୍ତ୍ତବ୍ୟ ନିର୍ବାହ କରିବା ଉଚିତ୍ ।	One must uphold one's duty.
(ii) ଆପଣଙ୍କର ଭଗବଦ୍‌ଗୀତା ପଢ଼ିବା ଉଚିତ୍ ।	You should read the Bhagwat Gita.
(iii) ତୁମକୁ ବଡ଼ମାନଙ୍କର ସମ୍ମାନ କରିବା ଉଚିତ୍ ଥିଲା ।	You ought to have respected your elders.

(d) **ପଡ଼ିବା** *(to express the sense of helplessness and necessity):*

(i) ଆମକୁ ମାଡ୍ରାସ୍ ଯିବାକୁ ପଡ଼ିଲା ।	We had to go to Madras.
(ii) ତାକୁ ନିଇତି ଏଠାକୁ ଆସିବାକୁ ପଡ଼େ ।	He has to come here daily.

3. ସଂଯୁକ୍ତ କ୍ରିୟା Compound verb

ସଂଯୁକ୍ତ କ୍ରିୟା (Compound verb) is the combination of two basic roots to intensify the meaning.

In a compound verb, one root is principal while the other is secondary one. The root of the principal verb does not change while the subordinate root is conjugated in the usual way.

The subordinate verb does not give its ful meaning, but modifies the meaning of the principal verb.

Here are some verbs which are used as the secondary verbs of compound verbs. The verbs are– ରଖିବା, ନେବା, ଦେବା, ଯିବା, ପକାଇବା, ଥିବା, ପାରିବା, ବସିବା, ଉଠିବା, ପଳାଇବା, ଦେଖିବା, etc.

(a) ଥିବା *denotes the sense of continuation of an incomplete action; as—*

ଖେଳୁଥାଏ ହସୁଥାଏ ଖାଉଥାଏ

ବାକ୍ୟ-ଆମେ ଚାଲିଥାଉ । We kept walking.

(b) ଉଠିବା *expresses suddenness of action; as—*

ଜାଗି ଉଠିଲା କାନ୍ଦି ଉଠିଲା ଚିଲେଇ ଉଠିଲା

ବାକ୍ୟ-ସେ ବହୁତ ଚିନ୍ତିତ ହୋଇ ଉଠିଲା । He became very anxious.

(c) ଯିବା *expresses completeness (of principal verb); as—*

ବସିଯାଏ ଶୋଇଯିବ ବୁଡ଼ିଗଲା

ବାକ୍ୟ-ସେ ଟେବୁଲ୍ ଉପରେ ଠିଆ ହେଲା । He stood up on the table.

(d) ବସିବା *shows an element of an unaware action; as—*

ଉଠି ବସିଛି ଲଢ଼ି ବସିଛି କରି ବସିଛନ୍ତି

ବାକ୍ୟ-ମୁଁ ମୋର କଲମ ହଜାଇ ବସିଛି ।I had lost my pen.

(e) ପାରିବା *shows ability to complete anything. Subjoined verb* ପାରିବା *is oftenly used in negative sentences; as—*

କରି ପାରି (ନାହିଁ) ଦେଇ ପାରି (ନାହିଁ) ବସି ପାରିଲେ (ନାହିଁ)

ବାକ୍ୟ-ମୁଁ ଶୋଇ ପାରିଲି ନାହିଁ । I could not sleep.

REMARKS

ଦରକାର is used in the meaning of 'is wanted' or 'ought to be...' It can be combined with a noun in the first sense, and with an infinitive in the second sense. As:

(A)	**ଆମକୁ ମିଠେଇ ଦରକାର ।**	**We want sweetmeat (literally speaking, sweetmeat is wanted by us).**
	ଆମକୁ ମିଠେଇ ଦରକାର ।	**We want sweetmeats.**
	ତାର କ'ଣ ଦରକାର ?	**What does she want? (literally speaking, what is wanted by her.)**
	ତାକୁ ପେନ୍ସିଲ ଦରକାର ।	**She wants pencils (literally, Pencils are wanted by her.)**
(B)	**ଆପଣଙ୍କୁ ଶୋଇବା ଦରକାର ।**	**You ought to sleep. (infinitive noun)**
	ଆମକୁ ପ୍ରତିଦିନ ଚାଲିବା ଦରକାର ।	**We ought to walk daily.**

18TH STEP ୧୮ତମ ସୋପାନ

INDECLINABLE
ଅବ୍ୟୟ ଅଥବା ଅବିକାରୀ

The words which remain always unchangeable are called ଅବ୍ୟୟ or ଅବିକାରୀ ଶବ୍ଦ (Indeclinable), as— ଆଜି (today), କାଲି (tomorrow), ଶୀଘ୍ର (quickly), ଏଠାରେ (here), ସେଠାରେ (there), etc.

There are four types of indeclinable words—

1. କ୍ରିୟାବିଶେଷଣ	Adverb
2. ସମ୍ବନ୍ଧବୋଧକ	Post-position
3. ସମୁଚ୍ଚୟବୋଧକ	Conjunction
4. ବିସ୍ମୟସୂଚକ	Exclamation

Now we shall discuss them briefly.

1. **କ୍ରିୟାବିଶେଷଣ Adverb**: *(A word which mostly qualifies a verb):*

(i) ଅମିତ ଆସିବ ନାହିଁ ।	Amit will not come.
(ii) ତୁମ ପାଖରେ କେତେ ସମୟ ଅଛି ?	How much time have you?
(iii) ସେ କେମିତି ଲେଖେ ?	How does he write?
(iv) କେଉଁଠିକୁ ଯାଉଅଛ ?	Where are you going?
(v) ଏବେ ଗାଇବା ଆରମ୍ଭ କର ।	Now start singing.

In the above sentences ନାହିଁ, କେତେ, କେମିତି, କେଉଁଠି, ଏବେ are adverbs, because each of them qualifies its verb. All these are ଅବ୍ୟୟ:

ସ୍ଥାନସୂଚକ	- କେଉଁଠି, ଏଠାରେ, ସେଠାରେ, ଯେଉଁଠି, କେଉଁଆଡ଼େ ।
ରୀତିସୂଚକ	- ଧିରେ-ଧିରେ, କେମିତି ।
ନିଷେଧସୂଚକ	- ନାହିଁ, ନା, ନ ।
କାଳସୂଚକ	- ଏବେ, ଯେତେବେଳେ ସେତେବେଳେ କେବେ ତୁରନ୍ତ ।
ପରିମାଣସୂଚକ	- ସେତିକି ଏତିକି ଯେତିକି କେତିକି ।

2. **ସମ୍ବନ୍ଧବୋଧକ Post-position** *(A word which shows relation of noun, pronoun, etc., with other words of the sentence):*

(i) ପୁସ୍ତକଟି ଟେବୁଲ୍ ଉପରେ ଅଛି ।	The book is on the table.
(ii) ବିକାସ ପଛରେ ରହିଗଲା ।	Vikas has trailed behind.
(iii) ଆପଣଙ୍କ ସମକକ୍ଷ ସାହସୀ କେହି ନାହିଁ ।	There is no one brave like you.
(iv) ତୁମେ ମୋ ବିପକ୍ଷରେ ଯାଉଛ ।	You are going against me.

(v) ଏହା କେବଳ ଆପଣଙ୍କ ପାଇଁ । It is only for you.

In the above sentences ଉପରେ ପଛରେ ଙ୍କ, ର ସମକକ୍ଷ ବିପକ୍ଷ ଏବଂ ଙ୍କ are post-positions.

The following are post-positions:

ସ୍ଥାନସୂଚକ ର ଭିତରେ ଉପରେ ରେ ଦୂର ନିକଟ ଉପର ର ଆଗରେ, ପଛରେ ।

କାଳସୂଚକ - (ର) ଆଗରେ, ପଛରେ; (ର) ପୂର୍ବରୁ ।

ସମତାସୂଚକ - (ର) ସମକକ୍ଷ, ଭଳିଆ, ପରିକା, ପରି ।

ବିରୋଧସୂଚକ - (ର) ପ୍ରତିକୂଳ, ବିରୁଦ୍ଧ, ବିପକ୍ଷ ।

କାରଣ ବୋଧକ - (ଙ୍କ, ଟି) ପାଇଁ, (ତା, ସେହି) କାରଣରୁ, ହେତୁ ।

ଅନ୍ୟ-କୁ, (ର) ଏବଂ, (ଙ୍କ) ପ୍ରତି (ଦିଶାବୋଧକ); (ଠାରୁ) ଦୂର, ଠାରୁ (ପୃଥକତାସୂଚକ); (ର, ଙ୍କ) ସାହାଯ୍ୟରେ, ଦ୍ୱାରା (ସାଧନସୂଚକ)

It must be noticed that ସମ୍ବନ୍ଧବୋଧକ are called post-positions (as opposed to English Prepositions) because they come after the words qualified by them.

3. **ସମୁଚ୍ଚୟବୋଧକ Conjunction** *(A word which is used to join sentences, words or clauses):*

(i) ରୁଟି ଏବଂ ଲହୁଣି ପର୍ଯ୍ୟାପ୍ତ ଆହାର ଅଟେ । Bread and butter is a sufficient food.

(ii) ମତେ ଜ୍ୱର ହୋଇଛି, ସେଇଥି ପାଇଁ ମୁଁ ଉପସ୍ଥିତ ରହିପାରିବି ନାହିଁ । I am suffering from fever so I cannot attend.

(iii) ତୁମେ ଏଠାକୁ ଆସିବ କି ନାହିଁ ? Will you come here or not?

In the above sentences, ଏବଂ (and) ଏଇଥି ପାଇଁ (so), କି (or) are conjunctions, which join words and sentences respectively.

The following are conjunctions—

(i) ଓ, ଏବଂ, ତଥା;
(ii) ଅଥବା, କିମ୍ବା ନାହିଁ ତ;
(iii) ଏଥିପାଇଁ, ଅତଏବ, ଯେହେତୁ;
(iv) ଯଦି- ତେବେ, ଯଦ୍ୟପି- ତେବେ ମଧ୍ୟ;
(v) ଅର୍ଥାତ୍, ଯେମିତିକି;
(vi) କିନ୍ତୁ, ପରନ୍ତୁ, ଅଧିକନ୍ତୁ, ବରଂ;
(vii) ଅତଏବ ।

4. **ବିସ୍ମୟସୂଚକ Exclamation** *(A word which expresses an exclamatory feeling or emotion of the speaker):*

(i) ବାଃ-ବାଃ, ମୁଁ ପ୍ରଥମ ପୁରସ୍କାର ଜିତିଲି । Hurrah! I have won the first prize.

(ii) ଆଃ ! ଏହି ବଗିଚା କେତେ ସୁନ୍ଦର ! Oh! what a beautiful garden it is!

(iii) ଆରେ ! ସେ ମରିଗଲା । Ah! He has died.

(iv) ହାଏ ! ମୁଁ ଏବେ କ'ଣ କରିବି ? Alas! What shall I do now?

In the above sentences, ବାଃ-ବାଃ, ଆଃ, ଆରେ, ହାଏ are the words which express the feelings of joy, surprise and sorrow. All these are exclamations.

List of exclamations—

ବିସ୍ମୟ	-	ଆରେ! ଓଃ!	ସମ୍ବୋଧନ	-	ଓ! ଆରେ-ରେ! ହେ, ହେଇଟି!
ଉତ୍ସାହ	-	ଧନ୍ୟ! ସାବାସ୍!	ଘୃଣା	-	ଛି-ଛି, ଏହେ! ଉହୁଁ! ଧେତ୍!
ଆନନ୍ଦ	-	ବାଃ ବାଃ! ଆଃ!	ବିବଶତା	-	କାଳେ!
ଦୁଃଖ	-	ଓହ! ହାଏ!			

REMARKS

	(A)	(B)
(i)	ଖରାପ କଥା କୁହ ନାହିଁ	ଖରାପ କଥା ନକୁହ
(ii)	ଖରାପ କଥା ଶୁଣ ନାହିଁ	ଖରାପ କଥା ନଶୁଣ
(iii)	ଖରାପ କଥା ଦେଖ ନାହିଁ	ଖରାପ କଥା ନଦେଖ

In the above sentences, there is some difference. In the first column, ନାହିଁ is in negative sense, but in the second, ନ is substituted.

Roughly speaking, sentences of column A & B have similar meanings. But actually some difference is there.

ନାହିଁ is used when we want to give much force or stress to our order in the imperative mood. Remember, in case of putting ନ instead, the stress is lessened to some extent.

19TH STEP ୧୯ତମ ସୋପାନ

CARDINAL NUMERALS

ଗଣନା

1. ଏକ	8. ଆଠ	15. ପନ୍ଦର	22. ବାଇଶ
2. ଦୁଇ	9. ନଅ	16. ଷୋହଳ	23. ତେଇଶ
3. ତିନି	10. ଦଶ	17. ସତର	24. ଚବିଶ
4. ଚାରି	11. ଏଗାର	18. ଅଠର	25. ପଚିଶ
5. ପାଞ୍ଚ	12. ବାର	19. ଉଣେଇଶ	26. ଛବିଶ
6. ଛଅ	13. ତେର	20. କୋଡ଼ିଏ	27. ସତେଇଶ
7. ସାତ	14. ଚଉଦ	21. ଏକୋଇଶ	28. ଅଠେଇଶ

29. ଅଣତିରିଶ	47. ଷଡ଼ଚାଳିଶ	65. ପଅଁଷଠି	83. ତେୟାଅସି
30. ତିରିଶ	48. ଅଡ଼ଚାଳିଶ	66. ଛଅଷଠି	84. ଚୌରାଅସି
31. ଏକତିରିଶ	49. ଅଣଚାଶ	67. ସତଷଠି	85. ପଞ୍ଚାଅସି
32. ବତିଶ	50. ପଚାଶ	68. ଅଡ଼ଷଠି	86. ଛୟାଅସି
33. ତେତିଶ	51. ଏକାବନ	69. ଅଣସ୍ତରୀ	87. ସତାଅସି
34. ଚଉତିରିଶ	52. ବାଉନ	70. ସତୁରୀ	88. ଅଠାଅସି
35. ପଇଁତିରିଶ	53. ତେପନ	71. ଏକସ୍ତରୀ	89. ଅଣାନବେ
36. ଛତିଶ	54. ଚଉବନ	72. ବାସ୍ତରୀ	90. ନବେ
37. ସଇଁତିରିଶ	55. ପଞ୍ଚାବନ	73. ତେସ୍ତରୀ	91. ଏକାନବେ
38. ଅଡ଼ତିରିଶ	56. ଛପନ	74. ଚଉସ୍ତରୀ	92. ବୟାନବେ
39. ଅଣଚାଳିଶ	57. ସତାବନ	75. ପଞ୍ଚସ୍ତରୀ	93. ତେୟାନବେ
40. ଚାଳିଶ	58. ଅଠାବନ	76. ଛଅସ୍ତରୀ	94. ଚୌରାନବେ
41. ଏକଚାଳିଶ	59. ଅଣଷଠି	77. ସତସ୍ତରୀ	95. ପଞ୍ଚାନବେ
42. ବୟାଳିଶ	60. ଷାଠିଏ	78. ଅଠସ୍ତରୀ	96. ଛୟାନବେ
43. ତେୟାଳିଶ	61. ଏକଷଠି	79. ଅଣାଅସି	97. ସତାନବେ
44. ଚଉରାଳିଶ	62. ବାଷଠି	80. ଅସି	98. ଅଠାନବେ
45. ପଇଁଚାଳିଶ	63. ତେଷଠି	81. ଏକାଅସି	99. ଅନେଶ୍ୱତ
46. ଛୟାଳିଶ	64. ଚଉଷଠି	82. ବୟାଅସି	100. ଶହେ

1,000 ହଜାର   1,00,000 ଲକ୍ଷ

1,00,00,000 କୋଟି

Ordinals କ୍ରମାଙ୍କ (Kramānka)

1st	ପ୍ରଥମ	6th	ଷଷ୍ଠ
2nd	ଦ୍ୱିତୀୟ	7th	ସପ୍ତମ
3rd	ତୃତୀୟ	8th	ଅଷ୍ଟମ
4th	ଚତୁର୍ଥ	9th	ନବମ
5th	ପଞ୍ଚମ	10th	ଦଶମ

Multiplicative numerals ଗୁଣନାଙ୍କ (Guṇanāṅka)

Twofold	ଦୁଇଗୁଣା	Sevenfold	ସାତଗୁଣା
Threefold	ତିନିଗୁଣା	Eightfold	ଆଠଗୁଣା
Fourfold	ଚାରିଗୁଣା	Ninefold	ନଅଗୁଣା
Fivefold	ପାଞ୍ଚଗୁଣା	Tenfold	ଦଶଗୁଣା
Sixfold	ଛଅଗୁଣା		

Frequentative numerals ପୁନରାବୃତ୍ତିସୂଚକ ସଂଖ୍ୟା

Once	ଥରେ	Four times	ଚାରି ଥର

Twice	ଦୁଇ ଥର	Five times	ପାଞ୍ଚ ଥର
Thrice	ତିନି ଥର		

Aggregative numerals

ପୂର୍ଣ୍ଣଯୌଗାଙ୍କ

Both	ଉଭୟ	All twenty	କୋଡ଼ିଏ ଜଣ
All three	ତିନିଜଣ	Scores of	କୋଡ଼ିଏ ଜଣ
All four	ଚାରିଜଣ	Hundreds of	ଶହ-ଶହ
All ten	ଦଶଜଣ	Thousands of	ହଜାର-ହଜାର

REMARKS

1. **In similar ending pronunciation, ଅଣତିରିଶ (29) is nearer to ତିରିଶ (30), ଅଣଚାଳିଶ (39) to ଚାଳିଶ (40), ଅଣଚାଶ (49), to ପଚାଶ (50), ଅଣାଅଶି (79), to ଅଶି (80) and so on.**
2. **ହଜାର and ସହସ୍ର (thousand) are usually used as nouns and prefixed by ଏକ etc.**

20TH STEP ୨୦ତମ ସୋପାନ

ERRORS IN SPELLINGS

ବନାନ ର ଭୁଲ୍

Below are some examples of incorrect and correct forms of words, which are commonly mistaken by people. Try to follow the correct forms of words.

Incorrect	*Correct*	*Incorrect*	*Correct*
ଅବଶ୍ୟକ	ଆବଶ୍ୟକ	ଦୁଖ	ଦୁଃଖ
ଅତ୍ୟାଧିକ	ଅତ୍ୟଧିକ	ହିନ୍ଦୂ	ହିନ୍ଦୁ

ଅଚନି	ଅଗ୍ନି	ଜନ୍ତା	ଜନତା
ଔଦ୍ୟୋଗୀକରଣ	ଉଦ୍ୟୋଗୀକରଣ	ପ୍ରଥକ	ପୃଥକ୍
ଉଜ୍ଜଳ	ଉଜ୍ଜ୍ୱଳ	କପୁର	କର୍ପୂର
ଉପୋରକ୍ତ	ଉପରୋକ୍ତ	ରାତ୍ରୀ	ରାତ୍ରି
ଆର୍ଶୀବାଦ	ଆଶୀର୍ବାଧ	ବଧୁ	ବଧୂ
ଉପଲକ୍ଷ	ଉପଲକ୍ଷ୍ୟ	ସାମନା	ସାମ୍ନା
ଇତିହାସିକ	ଐତିହାସିକ	ଗୁରୂ	ଗୁରୁ
କବୟତ୍ରୀ	କବୟିତ୍ରୀ	ପୁଜ୍ୟ	ପୂଜ୍ୟ
ଚିନ୍ହ	ଚିହ୍ନ	ଦ୍ୱନ୍ଦ	ଦ୍ୱନ୍ଦ୍ୱ
ସନ୍ୟାସି	ସନ୍ନ୍ୟାସୀ	ଲଘୂ	ଲଘୁ
ପ୍ରତିଛାୟା	ପ୍ରତିଚ୍ଛାୟା	ଘନ୍ଟା	ଘଣ୍ଟା
ପରିକ୍ଷା	ପରୀକ୍ଷା	ଶ୍ରେଷ୍ଟ	ଶ୍ରେଷ୍ଠ
ଶ୍ରୀମତି	ଶ୍ରୀମତୀ	ସତତ୍	ସତତ
ଚରମ୍	ଚରମ	ପୁନ୍ୟ	ପୁଣ୍ୟ
କୁରୁପ	କୁରୂପ	ପ୍ରଭୂ	ପ୍ରଭୁ
ସହସ୍ର	ସହସ୍ର	ସ୍ତ୍ରି	ସ୍ତ୍ରୀ
ସ୍ୱାସ୍ତ୍ୟ	ସ୍ୱାସ୍ଥ୍ୟ	ପ୍ରତୀ	ପ୍ରତି
ଭଉଣି	ଭଉଣୀ	ଗଭିର	ଗଭୀର
ବାୟୂ	ବାୟୁ	ହୁଁକାର	ହୁଙ୍କାର
ପ୍ରନ୍ତୁ	ପରନ୍ତୁ	ଜୈ	ଜୟ
ଅତଃଏବ	ଅତଏବ	ରତନ	ରତ୍ନ
ପୂଜ୍ୟନୀୟ	ପୂଜନୀୟ	ଶର୍ବଣ	ଶ୍ରବଣ
କଠୀନ	କଠିନ	ଦୃଷ୍ୟ	ଦୃଶ୍ୟ
ଜାଗ୍ରତ	ଜାଗୃତ	ପତ୍ନି	ପତ୍ନୀ
ପଶ୍ଚାତାପ	ପଶ୍ଚାତ୍ତାପ	ସ୍ୱାମି	ସ୍ୱାମୀ
ଦୁର୍ଦଶା	ଦୁର୍ଦ୍ଦଶା	ରୀତୀ	ରୀତି
ଶ୍ରୀଙ୍ଗାର	ଶୃଙ୍ଗାର	ସ୍ଥିତୀ	ସ୍ଥିତି
ସୌନ୍ଦର୍ଯ୍ୟତା	ସୌନ୍ଦର୍ଯ୍ୟ	କ୍ରିଆ	କ୍ରିୟା
ସମୂଦ୍ର	ସମୁଦ୍ର	ହଁସ	ହଂସ
ପରିବାରିକ	ପାରିବାରିକ	କର୍ତ୍ତୁଦ୍ୱ	କର୍ତ୍ତୃତ୍ୱ
ବେମାରି	ବେମାରୀ	କର୍ମି	କର୍ମୀ

କୃପାଳୂ	କୃପାଳୁ	ଧୃଷ୍ଟ	ଧୃଷ୍ଟ
ଅମୂତ	ଅମୃତ	ସପୁତ୍ର	ସୁପୁତ୍ର
କୂଷକ	କୃଷକ	ଶରଧା	ଶ୍ରଦ୍ଧା
ପରଧିନ	ପରାଧୀନ	ଗ୍ୟାନ	ଜ୍ଞାନ
ପୁର୍ନଜନ୍ମ	ପୁନର୍ଜନ୍ମ	କପତ	କପୋତ
ସନ୍ମୁଖ	ସମ୍ମୁଖ	ବୁଢି	ବୁଢ଼ୀ
ଲୋକିକ	ଲୌକିକ	ପୁଷ୍ଟ	ପୁଷ୍ଟ
ଆଧୀନ	ଅଧୀନ	ସଂସୟ	ସଂଶୟ
ସ୍ଥାୟି	ସ୍ଥାୟୀ	ହିନ୍ସା	ହିଂସା
ପଂଡିତ	ପଣ୍ଡିତ	ହନ୍ସ	ହଂସ
ନିର୍ଦ୍ଦୋଷୀ	ନିର୍ଦ୍ଦୋଷ	ବୃତି	ବୃତ୍ତି
ଶାନ୍ତମୟ	ଶାନ୍ତିମୟ	ଲଜ୍ୟା	ଲଜ୍ଜା
ବିସ୍ୱାସ	ବିଶ୍ୱାସ	ହୂଦୟ	ହୃଦୟ
ଉପଯୋଗତା	ଉପଯୋଗିତା	ଟେଡ଼ା	ଟେଢ଼ା
ଠାକୁରାଣି	ଠାକୁରାଣୀ	ବୁଢା	ବୁଢ଼ା
ନିରପରାଧୀ	ନିରପରାଧ	କୃତଗ୍ୟ	କୃତଜ୍ଞ
ଅଭିନେତ୍ରି	ଅଭିନେତ୍ରୀ	ପୁରୁଷତମ	ପୁରୁଷୋତ୍ତମ
ସ୍ଥାୟୀତ୍ୱ	ସ୍ଥାୟିତ୍ୱ	ବଢେଇ	ବଢ଼େଇ
ରାଜନିତି	ରାଜନୀତି	ନୀତୀ	ନୀତି
ଦ୍ୱିତିୟ	ଦ୍ୱିତୀୟ	ଉନ୍ମଚନ	ଉନ୍ମୋଚନ
ଜର	ଜ୍ୱର	କୁର୍ପା	କୃପା
ନମ	ନବମ	କଷ୍ଟଦାୟୀ	କଷ୍ଟଦାୟକ
କୁତ୍ରିମ	କୃତ୍ରିମ	ସପର୍କ	ସମ୍ପର୍କ
ଭାରତିୟ	ଭାରତୀୟ	ଶଶୁର	ଶ୍ୱଶୁର
ଦୋଗୁଣା	ଦୁଇଗୁଣା	କୂଷି	କୃଷି
ପାଣ୍ଡୀତ୍ୟ	ପାଣ୍ଡିତ୍ୟ	ଆଲକ	ଆଲୋକ
ବୁଧି	ବୁଦ୍ଧି	ଯଥେଷ୍ଟ	ଯଥେଷ୍ଟ
ଦୁରାବସ୍ଥା	ଦୁରବସ୍ଥା	ଜ୍ୟୋତୀ	ଜ୍ୟୋତି
ଗୁରୁତ୍ତର	ଗୁରୁତର	ସଂସାରିକ	ସାଂସାରିକ
କୌଶଳତା	କୌଶଳ	ଜ୍ୟୋସନା	ଜ୍ୟୋତ୍ସ୍ନା

PART 3 : CLASSIFIED SENTENCES

21ST STEP ୨୧ତମ ସୋପାନ

USEFUL EXPRESSIONS

ଉପଯୋଗୀ ଲଘୁ ବାକ୍ୟ

We can convey our thoughts and feelings through phrases and some brief sayings sentences. Let us learn short.

Here are some phrases and short sentences:

1.Hello!	ହଇହୋ !	Haiho!
2.Happy New Year!	ନୂତନ ବର୍ଷର	Nutana Varṣa ra
ଶୁଭେଚ୍ଛା !	shubhechhā!	
3.Same to you!	ଆପଣଙ୍କୁ ମଧ୍ୟ !	āpaṇaṅku madhya.
4.Happy birthday to you!	ଜନ୍ମଦିନର ଅଭିନନ୍ଦନ !	Janmadinara abhinandan!
5.Welcome you all!	ଆପଣମାନଙ୍କୁ ସ୍ୱାଗତ !	āpaṇmanaṅku swāgat!
6.Congratulations!	ଅଭିନନ୍ଦନ !	Abhinandan!
7.Thanks for your kind visit.	ଆପଣ ଆସିଥିବାରୁ ଧନ୍ୟବାଦ !	āpaṇa āsithibāru dhanyavād.
8.Thank God!	ଭଗବାନଙ୍କୁ ଧନ୍ୟବାଦ !	Bhagawānṅku dhanyavād!
9.Oh my darling!	ଓଃ ମୋର ପ୍ରିୟ !	Oh mora priya!
10.O God!	ହେ ରାମ !	He Rām!
11.Oh!	ଆରେ !	āre!
12.Bravo!	ବହୁତ ଭଲ !	Bahut bhala!
13.Woe!	ହାଏ !	Hāe!
14.Excellent!	ଅତି ଉତ୍ତମ !	Ati uttama!
15.How terrible!	କେତେ ଭୟଙ୍କର !	Kete bhayaṅkara!
16.How absurd!	କେତେ ବେକାର !	Kete bekar!
17.How beautiful!	କେତେ ସୁନ୍ଦର !	Kete sundar!

18. How disgraceful!	କେତେ ଲଜ୍ଜାଜନକ !	Kete lajjājanak!
19. Really!	ସତରେ !	Satare!
20. O.K.	ଆଚ୍ଛା !	āchchha!
21. Wonderful!	ଅଦ୍ଭୁତ !	Adbhuta!
22. Thank you!	ଆପଣଙ୍କୁ ଧନ୍ୟବାଦ !	Apaṇaṅku dhanyavād!
23. Certainly!	ନିସନ୍ଦେହ !	Nisandeh!
24. What a great victory!	କିଭଳି ମହାନ୍ ବିଜୟ !	Kibhaḷi mahān vijay!
25. With best compliments!	ଅଭିନନ୍ଦନ ସହିତ !	Abhinandan sahita!

Some useful clauses and short sentences:

1. Just a minute.	ଗୋଟେ ମିନିଟ୍ ।	Gote miniṭ!
2. Just coming.	ସଙ୍ଗେ-ସଙ୍ଗେ ଆସୁଛି ।	Sange-sange āsuchhi.
3. Any more?	ଅନ୍ୟ କିଛି ?	Anẏa kichhi?
4. Enough.	ପର୍ଯ୍ୟାପ୍ତ ଅଟେ ।	Paryapta ate.
5. Anything else?	ଆଉ କିଛି ?	āu kichhi?
6. Nothing to worry.	କିଛି ଚିନ୍ତା ନାହିଁ ।	Kichhi chintā nahiã.
7. As you like.	ଯେମିତି ଆପଣଙ୍କ ଇଚ୍ଛା ।	Jemiti apaṇaṅka ichchā!
8. Mention not.	କୌଣସି କଥା ନାହିଁ ।	Kauṇasi kathā nāhiã!
9. Nothing more.	ଆଉ କିଛି ନାହିଁ ।	āu kichhi nāhiã!
10. Not at all.	କଦାପି ନୁହେଁ ।	Kadāpi nuheã.
11. For the ladies.	ମହିଳାଙ୍କ ପାଇଁ ।	Mahilāṅka paiã.
12. To let.	ଭଡ଼ା ପାଇଁ ଖାଲି ଅଛି ।	Bhadā paiã khāli achhi.
13. No admission.	ପ୍ରବେଶ ନିଷେଧ ।	Praveś nisedh.
14. No entrance.	ପ୍ରବେଶ ନାହିଁ ।	Praveś nāhin.
15. No thoroughfare.	ସାଧାରଣ ରାସ୍ତା ନାହିଁ ।	Sādharaṇa rāstā nahiã.
16. No talking.	କଥାବାର୍ତ୍ତା ହେବା ମନା ।	Kathabartta hebā manā
17. No smoking.	ସିଗାରେଟ୍ ପିଇବା ମନା ।	Sigaret pibā manā.
18. No spitting.	ଛେପ ପକାଇବା ମନା ।	Chhepa pakāibā manā.
19. No parking.	ଗାଡ଼ି ଠିଆ କରିବା ବର୍ଜିତ ଅଟେ ।	Gāḍi thiā karibā varjita ate.
20. No going out.	ବାହାରକୁ ଯିବା ମନା ।	Bāharaku jibā manā.

22ND STEP ୨୨ତମ ସୋପାନ

IMPERATIVE SENTENCES
ବିଧ୍ୟର୍ଥକ ବାକ୍ୟ

In the following sentences, there are many verbs in the imperative mood expressing order, request for advice.

Here are some examples of short sentences giving force to verbs.

1. *Sentences Indicating Order:*

1. Be quick.	ଶୀଘ୍ର କର !	śīghra kara.
2. Be quiet.	ଚୁପ ରୁହ !	Chup ruha.
3. Come in.	ଭିତରକୁ ଆସ ।	Bhitaraku āsa.
4. Get out.	ବାହାରକୁ ବାହାରି ଯାଅ ।	Bāhārku bāhārijāa.
5. Stick no bills.	ବିଜ୍ଞାପନ ମାର ନାହିଁ ।	Bigyāpan māranāhiã.
6. Don't talk rubbish	ବକ୍‌ବାସ କରନାହିଁ ।	Bakvās karanāhiã.
7. Be careful	ସାବଧାନ ରୁହ ।	Savdhān ruha.
8. Bring a glass of water	ଗିଲାସେ ପାଣି ଆଣ ।	Gilāse pāṇi āṇa.
9. Don't forget to come tomorrow.	କାଲି ଆସିବାକୁ ଭୁଲ ନାହିଁ ।	Kāli āsibāku bhula nāhiã.
10. Don't hurry.	ତରତର ହୁଅ ନାହିଁ ।	Taratara hua nāhiã.
11. Don't be talkative.	ବକର-ବକର ହୁଅନାହିଁ ।	Bakar bakar huanāhiã.
12. Speak the truth.	ସତ୍ୟ କୁହ ।	Satya kuha.
13. Don't tell a lie.	ମିଛ କୁହ ନାହିଁ ।	Michha kuha nāhiã.
14. Go back.	ପଛକୁ ଫେରିଯାଅ ।	Pachhaku ferijāa.
15. Work hard.	ପରିଶ୍ରମ କର ।	Parishram kara.
16. Shut the window.	ଝରକା ବନ୍ଦ କର ।	Jharakā band kara.
17. Open the door.	କବାଟ ଖୋଲ ।	Kabāṭa khola.
18. Come forward.	ଆଗକୁ ଆସ ।	āgaku āsa.
19. Come alone.	ଏକୁଟିଆ ଆସ ।	Ekuṭiā āsa.
20. Sit down.	ବସିଯାଅ ।	Basijāa.
21. Stand up.	ଠିଆ ହୁଅ ।	ṭhiā hua.
22. Get up early.	ଶୀଘ୍ର ଉଠ ।	Shighra uṭha.
23. Be ready by 8 o' clock.	ଆଠଟା ଭିତରେ ପ୍ରସ୍ତୁତ ରୁହ ।	āṭhaṭā bhitare prastuta ruha.

24. Always keep to the left. ସର୍ବଦା ବାମ ପଟେ ଚାଲ । Sarbadā bāma paṭe chāla.

25. Give up bad habits. ଖରାପ ଅଭ୍ୟାସ ଛାଡ଼ । Kharāp abhyās chhāḍa.

26. Mind your own business. ନିଜ କାମ ଦେଖ । Nija kāma dekha.

27. Ring the bell. ଘଣ୍ଟି ବଜାଅ । Ghanṭi bajāa.

28. Take it away. ଏହାକୁ ନେଇଯାଅ । Ehāku neijāa.

29. Return the balance. ବଳକା ପଇସା ଫେରାଇଦିଅ । Balakā paisā ferāidia.

2. *Sentences Indicating Request:*

30. Please, excuse me. କ୍ଷମା କର ! Kṣamā kara.

31. Don't mind, please. ଖରାପ ଭାବ ନାହିଁ । Kharāp bhāba nāhiã.

32. Please, try to understand me. ମତେ ବୁଝିବାକୁ ଚେଷ୍ଟା କରନ୍ତୁ । Mate bujhibaku cheṣṭā karantu.

33. Please, lend me your bicycle. ଦୟାକରି ମତେ ଆପଣଙ୍କ ସାଇକଲ ଦିଅନ୍ତୁ । Dayākari mate apaṇnka sāikal diantu.

34. Follow me, please. ମୋ ପଛରେ ଆସନ୍ତୁ । Mo pachhare āsantu.

35. Please, have a cold drink. କିଛି ଥଣ୍ଡା ପାନୀୟ ନିଅନ୍ତୁ । Kichhi thanḍā pāniya niantu.

36. Have some coffee, please. ଟିକିଏ କଫି ନିଅନ୍ତୁ ନା । ṭikie kafi niantu na.

37. Please, have the room swept. ଦୟାକରି କୋଠରିକୁ ସଫା କରାଇଦିଅନ୍ତୁ । Dayākari koṭhariku safā karāidiantu.

38. Please, call the servant. ଚାକରକୁ ଡାକନ୍ତୁ ନା । Chākaraku dākantu na.

39. Please, pass me the chilly. ଲଙ୍କା ଦିଅନ୍ତୁ ନା । Lanka diantu na.

40. Please, bring us some sweets. ଆମ ପାଇଁ କିଛି ମିଠେଇ ଆଣନ୍ତୁ । āma paiã kichhi miṭhei ānantu.

41. Please deliver the goods at my residence. ଦୟାକରି ଏ ଜିନିଷଗୁଡ଼ିକୁ ମୋ ଘରେ ପହଞ୍ଚାଇ ଦିଅନ୍ତୁ । Dayākari e jiniṣa guḍiku mo ghare pahanchāi diantu.

42. Please take your bath. ଗାଧୋଇ ଦିଅନ୍ତୁ । Gādhoi diantu.

43. Please have your seat. ନିଜ ଜାଗାରେ ବସନ୍ତୁ । Nija jāgāre basantu.

44. Kindly inform at the right time. ଠିକ୍ ସମୟରେ ସୂଚାଇ ଦିଅନ୍ତୁ । ṭhik samayre sūchāi diantu.

45. Kindly grant me a loan. ଦୟାକରି ମତେ ଋଣ ପ୍ରଦାନ କରନ୍ତୁ । Dayākari mate ruṇa pradān karantu.

3. *Sentences Indicating Advice:*

46. Let us go in time.	ଆମେ ଠିକ୍ ସମୟରେ ଯିବା ଉଚିତ ।	āmẹ ṭhik samayre jibā uchit.
47. Work hard lest you fail.	ପରିଶ୍ରମ କର ନହେଲେ ବିଫଳ ହୋଇଯିବ ।	Pariśrama kara nahele viphaḷ hoijiba.
48. Let us wait.	ଆମେ ଅପେକ୍ଷା କରିବା ।	āme apekṣā karibā.
49. Let us go for a walk.	ଆସନ୍ତୁ ଚାଲିବା ।	āsantu chalibā.
50. Let us make the best use of time.	ଆସନ୍ତୁ ସମୟର ସଦୁପଯୋଗ କରିବା ।	āsantu samayara sadupyog karibā.
51. Let us try our best.	ଆସନ୍ତୁ ଆମେ ସମ୍ପୂର୍ଣ୍ଣ ଚେଷ୍ଟା କରିବା ।	āsantu āme sampūrna cheṣṭā karibā.
52. Let it be so.	ଚାଲିବାକୁ ଦିଅନ୍ତୁ ।	Chālibaku diantu.
53. Let us think first about this matter.	ଆସନ୍ତୁ ପ୍ରଥମେ ଏହି ବିଷୟରେ ବିଚାର କରିବା ।	āsantu prathame ehi viṣayre vichār karibā.
54. Let us go to the cinema together.	ଆସନ୍ତୁ ଏକାଠି ସିନେମା ଯିବା ।	āsantu ekāṭhi sinemā jibā.

23RD STEP ୨୩ତମ ସୋପାନ

PRESENT TENSE
ବର୍ତ୍ତମାନ କାଳ

1. *Present Indefinite Tense* ସାମାନ୍ୟ ବର୍ତ୍ତମାନ

1. I write a letter to my brother.	ମୁଁ ମୋ ଭାଇକୁ ଗୋଟିଏ ଚିଠି ଲେଖେ ।	Muā̃ mo bhāiku goṭie chiṭhi lekhe.
2. Some children like sweets.	କିଛି ଶିଶୁ ମିଠେଇ ଭଲ ପାଆନ୍ତି ।	Kichhi śiśu miṭhei bhala pānti.
3. I leave home at 9.00 a.m. everyday.	ମୁଁ ପ୍ରତିଦିନ ନଅଟା ବେଳେ ଘରୁ ବାହାରେ ।	Muā̃ pratidin naṭā beḷe gharu bāhāre.
4. The earth moves round the sun.	ପୃଥିବୀ ସୂର୍ଯ୍ୟଙ୍କ ଚାରିପଟେ ଘୂରେ ।	Pruthivī sūryanka chāripaṭe ghūre.
5. A good child always obeys his parents.	ଭଲ ପିଲା ସର୍ବଦା ନିଜ ମାତା-ପିତାଙ୍କ କଥା ମାନେ ।	Bhala pilā sarbadā nija mātā-pitā ṅka kathā māne.

6.	She drives too quickly.	ସେ ବହୁତ ଜୋରରେ ଗାଡ଼ି ଚଳାଏ ।	Se bahut zor re gāḍi chalāe.
7.	I brush my teeth twice a day.	ମୁଁ ମୋ ଦାନ୍ତ ଦିନକୁ ଦୁଇଥର ସଫା କରେ ।	Muā mo dānta dinaku duithara safā kare.
8.	We live in India.	ଆମେ ଭାରତରେ ରହୁ ।	Ame Bhārat re rahu.
9.	You always forget to pay.	ତୁମେ ସବୁବେଳେ ପଇସା ଦେବାକୁ ଭୁଲିଯାଅ ।	Tume sabubeḷe paisa debāku bhulijāa.
10.	The last bus leaves at midnight.	ଶେଷ ବସ୍ ଅଧରାତିରେ ବାହାରେ ।	śeṣa bas adharātire bāhāre.
11.	You spend all your money on clothes.	ତୁମେ ନିଜର ସମସ୍ତ ପଇସା ପୋଷାକ ଉପରେ ଖର୍ଚ୍ଚ କରିଦିଅ ।	Tume nijara samasta paisā poṣāka upare kharcha karidia.
12.	Someone knocks at the door.	କେହି କବାଟ ଖଟ୍-ଖଟ୍ କରେ ।	Kehi kabāṭ khaṭ khaṭ kare.
13.	She always wears spectacles.	ସେ ସବୁ ସମୟରେ ଚଷମା ପିନ୍ଧେ ।	Se sabu samay re chaṣamā pindhe.
14.	In India, there are fifteen regional languages.	ଭାରତରେ ପନ୍ଦର ଆଞ୍ଚଳିକ ଭାଷା ଅଛି ।	Bhārata re pandara āñchalik bhāṣā achhi.

2. *Present Continuous Tense* ତାତ୍କାଳିକ ବର୍ତ୍ତମାନ

1.	My mother is sweeping the room.	ମୋ ମା' କୋଠରି ସଫା କରୁଛନ୍ତି ।	Mo mā koṭhari safā karuchhanti.
2.	I am reading Nav Bharat Times.	ମୁଁ ନବଭାରତ ଟାଇମ୍ସ ପଢୁଛି ।	Muā Nav Bhārat Times paḍhuchhi.
3.	The dog is lying under the car.	କୁକୁର କାର୍ ତଳେ ଶୋଇଛି ।	Kukura kār tale śoichhi.
4.	He is going to the market.	ସେ ବଜାର ଯାଉଛି ।	Se bazār jāuchhi.
5.	She is crying for nothing.	ସେ ଅଯଥାରେ ପାଟିତୁଣ୍ଡ କରୁଛି ।	Se ajathāre pāṭitunda karuchhi.
6.	I am just coming.	ମୁଁ ଏବେ ଆସୁଛି ।	Muā ebe āsuchhi.
7.	I am looking at the sky.	ମୁଁ ଆକାଶକୁ ଦେଖୁଛି ।	Muā ākāśaku dekhuchhi.
8.	I am singing the song.	ମୁଁ ଗୀତ ଗାଉଛି ।	Muā gita gāuchhi.

9. She is looking for a pen.	ସେ କଲମ ଖୋଜୁଛି ।	Se kalama khojuchhi.
10. The patient is going to the hospital.	ରୋଗୀ ଡାକ୍ତରଖାନା ଯାଉଛି ।	Rogī ḍāktarakhānā jāuchhi.

3. *Doubtful Present Tense* ସନ୍ଦିଗ୍ଧ ବର୍ତ୍ତମାନ

1. She may be reaching her office.	ସେ ନିଜ କାର୍ଯ୍ୟାଳୟ ପହଞ୍ଚୁଥିବ ।	Se nija kāryālaya pahanchuthiba.
2. They may be thinking wrong.	ସେମାନେ ଭୁଲ୍ ଭାବୁଥିବେ ।	Semāne bhul bhābuthibe.
3. I may be going to Bombay tomorrow.	ମୁଁ କାଲି ବମ୍ବେ ପହଞ୍ଚୁଥିବି ।	Muã kāli Bambai pahanchuthibi.
4. I may be teaching Hindi to my pupils.	ମୁଁ ମୋ ଛାତ୍ରଙ୍କୁ ହିନ୍ଦୀ ପଢ଼ାଉଥିବି ।	Muã mo chātraṅku Hindi paḍhāuthibi.
5. Your sister may be waiting for you.	ଆପଣଙ୍କ ଭଉଣୀ ଆପଣଙ୍କୁ ଅପେକ୍ଷା କରିଥିବ ।	āpanaṅka bhauṇī āpaṇaṅku apekṣā karithiba.
6. She may be playing on the violin.	ସେ ବେହେଲା ବଜାଉଥିବ ।	Se behelā bajāuthiba.
7. She may be returning the money in a week.	ସେ ସପ୍ତାହକ ମଧ୍ୟରେ ପଇସା ଫେରାଉଥିବ ।	Se saptāhaka madhyare paisā ferāuthiba.
8. Rama may be learning her lesson in the morning.	ରମା ପ୍ରାତଃ କାଳରେ ନିଜ ପାଠ ପଢୁଥିବ ।	Ramā prātaḥ kāḷare nija pāṭha paḍhuthiba.

24TH STEP ୨୪ତମ ସୋପାନ

FUTURE TENSE

ଭବିଷ୍ୟତ କାଳ

1. *Future Indefinite Tense* ସାମାନ୍ୟ ଭବିଷ୍ୟତ କାଳ

1. I shall write a letter to my brother.	ମୁଁ ମୋ ଭାଇକୁ ଚିଠି ଲେଖିବି ।	Muã mo bhāiku chiṭhi lekhibi.
2. My father will	ମୋ ବାପା ରବିବାର ଦିନ	Mo bāpā rabibar

reach here by Sunday.	ଏଠାରେ ପହଞ୍ଚିଯିବେ ।	dina eṭhāre pahañchibe.
3. The mother will go to the market tomorrow.	ମା' କାଲି ବଜାର ଯିବେ ।	Mā kāli bazār jibe.
4. She will study hard this year.	ସେ ଏହି ବର୍ଷ କଠିନ ପରିଶ୍ରମ କରି ପାଠ ପଢ଼ିବ ।	Se ehi varṣa kaṭhin parishram kari pāṭha paḍhiba.
5. It will serve my purpose.	ଏଥିରେ ମୋର କାମ ଚଳିଯିବ ।	Ethire mora kāma chalijiba.
6. I shall return day after tomorrow.	ମୁଁ ପହରଦିନ ଫେରିଯିବି ।	Muã pahardina ferijibi.
7. My brother will stay here at night.	ମୋ ଭାଇ ରାତିରେ ଏଠାରେ ରହିଯିବ ।	Mo bhāi rātire eṭhāre rahithilā.
8. I shall return in the evening definitely.	ମୁଁ ସନ୍ଧ୍ୟାରେ ନିଶ୍ଚିତ ରୂପେ ଫେରିଯିବି ।	Muã sandhyāre nishchit rūpe ferijibi.
9. I will do it whatever happens.	ଯାହା ବି ହେଉ, ମୁଁ ଏହାକୁ ନିଶ୍ଚୟ କରିବି ।	Jāhā bi heu, muã ehāku karibi.
10. I will certainly give you what you want.	ଆପଣ ଯାହା କିଛି ଚାହିଁବେ, ମୁଁ ଆପଣଙ୍କୁ ନିଶ୍ଚିତ ରୂପେ ଦେବି ।	Apaṇa jāhā kichhi cāhiãbe, muã āpaṇaku niśchit rūpe debi.
11. We shall start at about 5 o'clock.	ଆମେ ପାଖାପାଖି ପାଞ୍ଚଟା ରେ ବାହାରିବା ।	Ame pākhāpākhi pañchatā re bāhāribā.
12. I will give up smoking definitely.	ମୁଁ ନିଶ୍ଚିତ ରୂପେ ଧୂମ୍ରପାନ ଛାଡ଼ିଦେବି ।	Muã niśchita rūpe dhumrapāna chhāḍidebi.
13. I will come positively.	ମୁଁ ନିଶ୍ଚୟ ଆସିବି ।	Muã niśchaya āsibi.
14. I will see it later on.	ମୁଁ ଏହାକୁ ପରେ ଦେଖିବି ।	Muã ehāku pare dekhibi.

2. *Contingent Future Tense* ସମ୍ଭାବ୍ୟ ଭବିଷ୍ୟତ କାଳ

1. If your elder brother comes you must come too.	ଯଦି ତୁମ ଭାଇ ଆସନ୍ତି ତେବେ ତୁମେ ମଧ୍ୟ ନିଶ୍ଚୟ ଆସିବ ।	Jadi tuma bhāi āsanti tebe tume madhya nishchaya āsiba.
2. If you stay I will also stay.	ଯଦି ତୁମେ ରହିବ ତେବେ ମୁଁ ମଧ୍ୟ ରହିବି ।	Jadi tume rahiba tebe muã madhya rahibi.
3. Ranjana may	ବୋଧହୁଏ ରଞ୍ଜନା ଆଜି	Bodhahue Ranjanā āji

arrive today.	ପହଞ୍ଚିବ ।	pahanchiba.
4. I may invite my colleagues also.	ସମ୍ଭବତଃ ମୁଁ ମୋର ସହକର୍ମୀଙ୍କୁ ମଧ୍ୟ ଡାକିବି ।	Sambhavatḥ muã mor sahakarmi nku madhya ḍākibi.
5. If you go for a walk, call me also.	ଯଦି ତୁମେ ଚାଲିବାକୁ ଯିବ, ତେବେ ମୋତେ ବି ଡାକିବ ।	Jadi tume chālibāku jiba tebe mote bi dākiba.
6. You may rest in my cottage if you like.	ଯଦି ତୁମେ ଚାହିଁବ ତେବେ ମୋ କୁଡ଼ିଆରେ ବିଶ୍ରାମ କର ।	Jadi tume cāhiãba tebe mo kuḍiā re biśrām kara.
7. I may leave this station any time.	ମୁଁ କେତେବେଳେ ମଧ୍ୟ ଏହି ଷ୍ଟେସନ୍ ଛାଡ଼ିପାରେ ।	Muã ketebele madhya ehi stesan chāḍipāre.
8. She may attend the meeting tomorrow.	ହୁଏତ ସେ କାଲି ସଭାକୁ ଆସିବେ ।	Hueta se kāli sabhā ku āsibe.
9. Lest he may escape.	ଏମିତି ନହେଉ, ସେ କେଉଁଆଡ଼େ ପଳାଇଯିବ ।	Emiti na heu, se keuããḍe palāijiba.
10. You may get admission either in science or in commerce.	ତୁମେ ବିଜ୍ଞାନରେ ନାମ ଲେଖାଅ ନହେଲେ ବାଣିଜ୍ୟରେ ।	Tume vigyān re nāma lekhāa nahele vāṇijya re.

25TH STEP ୨୫ତମ ସୋପାନ

PAST TENSE (1)

ଅତୀତ କାଳ (1)

1. *Past Indefinite* ସାମାନ୍ୟ ଅତୀତ କାଳ

1. The students reached the classroom.	ଛାତ୍ର ଶ୍ରେଣୀରେ ପହଞ୍ଚିଲେ ।	Chātra śreṇīre pahañchile.
2. The police arrested the accused.	ପୁଲିସ ଅପରାଧୀକୁ ଗିରଫ କଲା ।	Pulis aprādhi ku giraf kalā.
3. I saw him yesterday.	ମୁଁ ତାକୁ କାଲି ଦେଖିଲି ।	Muã tāku kāli dekhili.

4.	We sat down on the path while walking.	ଆମେ ଚାଲୁ-ଚାଲୁ ବାଟରେ ବସିଗଲୁ ।	Ame chālu-chālu bāṭare basigalu.
5.	I went to your house in the morning.	ମୁଁ ପ୍ରାତଃ କାଳରେ ତୁମ ଘରକୁ ଗଲି ।	Muā̃ prātaḥkāl re tuma gharaku gali.
6.	We gave her a warm welcome.	ଆମେ ତାଙ୍କୁ (ମହିଳା) ହାର୍ଦ୍ଦିକ ସ୍ୱାଗତ କଲୁ ।	Ame tānku (mahilā) hārdik swāgat kalu.
7.	The teacher punished the naughty students.	ଅଧ୍ୟାପକ ଦୁଷ୍ଟ ଛାତ୍ରଙ୍କୁ ଦଣ୍ଡ ଦେଲେ ।	Adhyāpak duṣṭa chātranku daṇḍa dele.
8.	You witnessed the match.	ତୁମେ ମେଚ୍ ଦେଖିଲ ।	Tume mech dekhila.
9.	The children ran and played.	ପିଲାମାନେ ଦୌଡ଼ିଲେ ଏବଂ ଖେଳିଲେ ।	Pilāmāne dauḍile ebam kheḷile.
10.	They laughed at the beggar.	ସେମାନେ ଭିକାରୀକୁ ଦେଖି ହସିଲେ ।	Semāne bhikāriku dekhi hasile.
11.	The girls sang a song.	ଝିଅମାନେ ଗୀତ ଗାଇଲେ ।	Jhiamāne gita gāile.
12.	The mother told a story of a king.	ମା' ଗୋଟିଏ ରାଜାର କାହାଣୀ କହିଲେ ।	Ma gotie rājāra kāhāṇī kahile.
13.	The baby took a sound sleep.	ଶିଶୁ ଗଭୀର ନିଦରେ ଶୋଇଲା ।	śiśu gabhīra nida re soilā.
14.	Rekha wrote a letter to her best friend.	ରେଖା ନିଜ ଘନିଷ୍ଠ ବାନ୍ଧବିକୁ ଚିଠି ଲେଖିଲା ।	Rekhā nija ghanisṭha bāndhabi ku chiṭhi lekhilā.
15.	They ate, drank and became happy.	ସେମାନେ ଖିଆ-ପିଆ କଲେ ଏବଂ ପ୍ରସନ୍ନ ହେଲେ ।	Semāne khiāpiā kale ebam prasanna hele.

2. *Present Perfect* ଆସନ୍ନ ଅତୀତ କାଳ

1.	I have done my work.	ମୁଁ ମୋ କାମ କରି ସାରିଛି ।	Muā̃ mo kāma kari sārichhi.
2.	She has seen me in the restaurant.	ସେ ମୋତେ ରେଷ୍ଟୁରାଣ୍ଟରେ ଦେଖି ସାରିଛି ।	Se mote resṭurāṇṭ re dekhi sārichhi.
3.	You have read	ଆପଣ ଏହି ପୁସ୍ତକ	āpaṇa ehi pustaka

this book.	ପଢ଼ିଛନ୍ତି ।	paḍhichhanti.
4. I have finished my work.	ମୁଁ ମୋ କାମ ସମାପ୍ତ କରି ସାରିଛି ।	Muā̃ mo kāma samāpta kari sārichhi.
5. My mother has arrived at home.	ମୋ ମା' ଘରେ ପହଞ୍ଚି ସାରିଛନ୍ତି ।	Mo mā ghare pahā̃nchi sārichhanti.
6. Garima has sung a song.	ଗରିମା ଗୀତ ଗାଇ ସାରିଛି ।	Garimā gita gāi sārichhi.
7. The students have gone to their home.	ଛାତ୍ରମାନେ ନିଜ ଘରକୁ ଯାଇ ସାରିଛନ୍ତି ।	Chātramāne nija gharku jāi sārichhanti.
8. The sweeper has just washed the floor.	ଝାଡୁଦାର ସଙ୍ଗେ-ସଙ୍ଗେ ଚଟାଣ ସଫା କରିଛି ।	Jhāḍudār sange sange chaṭāṇa safā karichhi.
9. The phone has stopped ringing.	ଫୋନ୍ ବାଜିବା ବନ୍ଦ ହୋଇଯାଇଛି ।	Phon bājibā band hoijāichhi.
10. Someone has broken the clock.	କେହି କାନ୍ଥଘଣ୍ଟା ଭାଙ୍ଗି ଦେଇଛି ।	Kehi kānthaghantā bhangi deichhi.
11. They have heard the sad news.	ସେମାନେ ଦୁଃଖଦାୟକ ସମାଚାର ଶୁଣି ସାରିଛନ୍ତି ।	Semāne dukhadāẏak samāchār śuṇi sārichhanti.
12. She has made the coffee.	ସେ କଫି ତିଆରି କରିଛି ।	Se kafi tiāri karichhi.
13. I have paid the bill.	ମୁଁ ବିଲ୍ ପଇଠ କରି ଦେଇଛି ।	Muā̃ bill paiṭha kari deichhi.
14. Father has planted a tree.	ବାପା ଗଛ ଲଗାଇଛନ୍ତି ।	Bāpa gachha lagāichhanti.
15. The play has just began.	ନାଟକ ଏବେ ଆରମ୍ଭ ହୋଇଛି ।	Nāṭak ebe ārambha hoichhi.

3. *Past Perfect* ପୂର୍ଣ୍ଣ ଅତୀତ କାଳ

1. I had already written the letter.	ମୁଁ ପୂର୍ବରୁ ହିଁ ଚିଠି ଲେଖି ସାରିଥିଲି ।	Muā̃ purbaru hiā̃ chiṭhi lekhi sārithili.
2. She had seen this film before.	ସେ ଏହି ଫିଲ୍ମକୁ ପୂର୍ବରୁ ଦେଖି ସାରିଥିଲା ।	Se ehi film ku purbaru dekhi sārithilā.
3. Till last evening I had	କାଲି ସନ୍ଧ୍ୟା ପର୍ଯ୍ୟନ୍ତ ମୁଁ ତାକୁ ଦେଖିନଥିଲି ।	Kāli sandhyā parẏanta muā̃ tāku

	not seen him.		dekhinathili.
4.	Anil had gone home before Amit came.	ଅମିତ ଆସିବା ପୂର୍ବରୁ ଅନିଲ ଘରକୁ ଯାଇ ସାରିଥିଲା ।	Amit āsibā pūrbaru Anil gharaku jāi sārithilā.
5.	I had finished my breakfast when Rita came.	ରୀତା ଆସିବା ବେଳକୁ ମୁଁ ଜଳଖିଆ କରି ସାରିଥିଲି ।	Ritā āsibā belaku muā jalakhiā kari sārithili.
6.	We had lived in Lajpat Nagar since 1950.	ଆମେ ୧୯୫୦ ରୁ ଲାଜପତ ନଗରରେ ରହୁଥିଲୁ ।	Ame 1950 ru Lājpat Nagar re rahuthilu.
7.	I had waited for you for the last five days.	ମୁଁ ପାଞ୍ଚଦିନ ହେଲା ତୁମକୁ ଅପେକ୍ଷା କରୁଥିଲି ।	Muā pāncha dina helā tumaku apekshā karuthili.
8.	We had never seen such a match before.	ଆମେ ଏଭଳି ମ୍ୟାଚ୍ ପୂର୍ବରୁ କେବେ ଦେଖିନଥିଲୁ ।	Ame ebhali myāch pūrbaru kebe dekhi nathilu.
9.	She had drunk the water.	ସେ ପାଣି ପିଇ ସାରିଥିଲା ।	Se pāṇi pi sārithilā.
10.	My sister had passed the degree examination.	ମୋ ଭଉଣୀ ଡିଗ୍ରୀ ପରୀକ୍ଷା ପାସ୍ କରି ସାରିଥିଲା ।	Mo bhauṇi digri pariksā pās kari sārithilā.
11.	I had come here to meet you.	ମୁଁ ଏଠାକୁ ତୁମକୁ ସାକ୍ଷାତ କରିବାକୁ ଆସିଥିଲି ।	Muā eṭhāku tumaku sākhyāt karibāku āsithili.
12.	They had not paid the debt.	ସେମାନେ ଉଧାର ପରିଶୋଧ କରିନଥିଲେ ।	Semāne udhār parisodh karinathile.
13.	We had purhased the shirts.	ଆମେ ସାର୍ଟ କିଣିଥିଲୁ ।	āme sārṭ kiṇithilu.
14.	The train had left the platform before we arrived there.	ଆମେ ପହଞ୍ଚିବା ପୂର୍ବରୁ ଗାଡ଼ି ପ୍ଲାଟ୍‌ଫର୍ମ ଛାଡ଼ି ସାରିଥିଲା ।	āme pahanchibā pūrbaru gāḍi plāṭform chhāḍi sārithilā.
15.	He had seen this film.	ସେ ଏହି ଫିଲ୍ମ ଦେଖି ସାରିଥିଲେ ।	Se ehi film dekhi sārithile.

26TH STEP ୨୬ତମ ସୋପାନ

PAST TENSE (2)
ଅତୀତ କାଳ (2)

4. *Doubtful Past* ସନ୍ଦିଗ୍ଧ ଅତୀତ

1. Yashodhara might have come.	ଯଶୋଧରା ଆସିଥିବ ।	Jaśodharā āsithiba.
2. You might have heard the name of Tagore.	ତୁମେ ଟାଗୋରଙ୍କ ନାମ ନିଶ୍ଚୟ ଶୁଣିଥିବ ।	Tume ṭagor ṅka nāma niśchaya suṇithiba.
3. She might have forgotten the past.	ସେ ନିଜ ଅତୀତକୁ ଭୁଲି ଯାଇଥିବ ।	Se nija atītaku bhuli jāithiba.
4. They might have slept.	ସେମାନେ ଶୋଇ ସାରିଥିବେ ।	Semāne shoi sārithibe.
5. They might have paid her the old dues.	ସେମାନେ ତାଙ୍କୁ ପୁରୁଣା ବକେୟା ଦେଇ ସାରିଥିବେ ।	Semāne tāku puruṇā bakeyā dei sārithibe.
6. He might have thought that I would be there still.	ସେ ଭାବିଥିବ ଯେ ମୁଁ ସେଠାରେ ଅଛି ।	Se bhābithiba je muã seṭhāre achhi.
7. Mr. Malik might have written the letter.	ଶ୍ରୀ ମଲିକ ଚିଠି ଲେଖିଥିବେ ।	Shri Malik chiṭhi lekhithibe.
8. The institution might have invited the Mayor.	ଅନୁଷ୍ଠାନ ମେୟରଙ୍କୁ ନିମନ୍ତ୍ରିତ କରିଥିବ ।	Anusṭhāna meyar ṅku nimantrita karithiba.
9. They might have laughed when she begged.	ସେମାନେ ହସିଥିବେ ଯେତେବେଳେ ସେ ଭିକ ମାଗିଥିବ ।	Semāne hasithibe jetebele se bhika māgithiba.
10. They might have accepted it.	ସେମାନେ ଏହାକୁ ସ୍ୱୀକାର କରି ନେଇଥିବେ ।	Semāne ehāku swikār kari neithibe.

11.	She might have done her duty.	ସେ ନିଜ କର୍ତ୍ତବ୍ୟ ସମ୍ପନ୍ନ କରିଥିବ ।	Se nija kartavya sampanna karithibe.
12.	The author might have written his autobiography.	ଲେଖକ ନିଜ ଆତ୍ମକଥା ଲେଖିଥିବେ ।	Lekhak nija atmakathā lekhithibe.

5. *Past Imperfect* ଅପୂର୍ଣ୍ଣ ଅତୀତ

1.	I was writing a letter when he entered the room.	ମୁଁ ଚିଠି ଲେଖୁଥିଲି ଯେତେ ବେଳେ ସେ କୋଠରୀରେ ପ୍ରବେଶ କଲେ ।	Muã chiṭhi lekhuthili jetebele se koṭhari re prabesh kale.
2.	I was riding to school yesterday.	କାଲି ମୁଁ ଘୋଡ଼ା ଉପରେ ବସି ସ୍କୁଲ୍ ଯାଉଥିଲି ।	Kāli muã ghoḍā upare basi skul jāuthili.
3.	It was raining when I went out.	ମୁଁ ବାହାରକୁ ଗଲାବେଳେ ବର୍ଷା ହେଉଥିଲା ।	Muã bāhāraku galābele barshā heuthilā.
4.	While I was talking to her I heard a shout.	ମୁଁ ଯେତେବେଳେ ତା' ସହ କଥା ହେଉଥିଲି ତେବେ ଏକ ଚିତ୍କାର ଶୁଣିଲି ।	Muã jetebele tā saha kathā heuthili tebe eka chitkār śuṇili.
5.	He was writing an essay in Hindi.	ସେ ହିନ୍ଦୀରେ ନିବନ୍ଧ ଲେଖୁଥିଲା ।	Se Hindire nibandha lekhuthilā.
6.	When they were sleeping the dogs were keeping watch.	ସେମାନେ ଯେତେବେଳେ ଶୋଇଥିଲେ ସେତେବେଳେ କୁକୁର ପହରା ଦେଉଥିଲେ ।	Semāne jetebele śoithile setebele kukura paharā deuthile.
7.	We were playing tennis when your brother came.	ତୁମ ଭାଇ ଯେତେବେଳେ ଆସିଲା ସେତେବେଳେ ଆମେ ଟେନିସ୍ ଖେଳୁଥିଲୁ ।	Tuma bhāi jetebele āsilā setebele āme ṭenis kheluthilu.
8.	Reena was trying hard to hide her desire.	ରୀନା ନିଜ ଇଚ୍ଛାକୁ ଲୁଚାଇବାକୁ ଚେଷ୍ଟା କରୁଥିଲା ।	Rinā nija icchāku luchāibāku cheṣṭā karuthilā.
9.	They were talking too loudly in the meeting.	ସେମାନେ ସଭାରେ ବହୁତ ଯୋର୍‌ରେ କଥା କହୁଥିଲେ ।	Semāne sabhāre bahut zor re kathā kahuthile.
10.	Asha was studying with me in school.	ଆଶା ମୋ ସହିତ ସ୍କୁଲ୍‌ରେ ପଢୁଥିଲା ।	āśā mo sahita skul re paḍhuthilā.

There is a slight difference between ଥିଲା/ଥିଲୁ/ଥିଲି/ଥିଲେ The former shows merely the continuity of the action in the period indicated, the latter expresses an idea of habit or repeated action.

Here are some sentences having ଥିଲା/ଥିଲୁ/ଥିଲେ, etc. These also are the example of ଅପୂର୍ଣ୍ଣ ଅତୀତ Apurna Atita.

11.	We were living in Pune two years ago.	ଦୁଇ ବର୍ଷ ପୂର୍ବେ ଆମେ ପୁନେ ରେ ରହୁଥିଲୁ ।	Dui varṣa pūrbe āme Pune re rahuthilu.
12.	Formerly this cow was giving ten litres of milk.	ପୂର୍ବରୁ ଏହି ଗାଈ ଦଶ ଲିଟର କ୍ଷୀର ଦେଉଥିଲା ।	Pūrbaru ehi gāi daśa litar kṣira deuthilā.
13.	In the last world war, the Germans were fighting bravely.	ଗତ ବିଶ୍ୱଯୁଦ୍ଧରେ ଜର୍ମାନୀୟମାନେ ବୀରତ୍ୱର ସହ ଲଢୁଥିଲେ ।	Gata viśwayudhha re Jarmāniyamāne viratwara saha laḍhuthile.
14.	At that time, I was residing in Delhi.	ସେହି ସମୟରେ ମୁଁ ଦିଲ୍ଲୀରେ ରହୁଥିଲି ।	Sehi samayare muã dilli re rahuthili.
15.	I used to go daily to the temple.	ମୁଁ ପ୍ରତିଦିନ ମନ୍ଦିର ଯାଉଥିଲି ।	Muã pratidina mandir jāuthili.
16.	Before 1947 we were living in West Panjab.	୧୯୪୭ ପୂର୍ବରୁ ଆମେ ପଶ୍ଚିମ ପଞ୍ଜାବରେ ରହୁଥିଲୁ ।	1947 pūrbaru āme paśchima Panjāb re rahuthilu.
17.	When I was seven years old, I was going to school all alone.	ମୁଁ ଯେତେବେଳେ ସାତ ବର୍ଷର ଥିଲି, ମୁଁ ଏକୁଟିଆ ସ୍କୁଲ ଯାଉଥିଲି ।	Muã jetebele sāta varṣara thili, muã ekutiā skul jāuthili.
18.	When I was young, my grandmother used to tell me the story.	ମୁଁ ଯେତେବେଳେ ଛୋଟ ଥିଲି, ମୋ ଜେଜେମା' ମତେ କାହାଣୀ ଶୁଣାଉଥିଲେ ।	Muã jetebele chhota thili, mo jejemā mate kahāṇi śuṇāuthile.
19.	In his seventies he used to walk very fast.	ସତର ବର୍ଷ ବୟସରେ ସେ ବହୁତ ଦ୍ରୁତ ଗତିରେ ଚାଲୁଥିଲା ।	Satara barṣa bayasare se bahut druta gatire chālthilā.

6. *Past Conditional* **ସର୍ତ୍ତ ପ୍ରକାଶକ ଅତୀତ**

1.	If you had worked hard, you would have passed.	ଯଦି ତୁମେ ପରିଶ୍ରମ କରିଥାନ୍ତ ତେବେ ଉତ୍ତୀର୍ଣ୍ଣ ହୋଇଥାନ୍ତ ।	Jadi tume parishram karithānta tebe uttirna hoithānta.
2.	Had you been	ଯଦି ତୁମେ ସଚ୍ଚୋଟ	Jadi tume sachchoṭ

	honest you would have been happier.	ହୋଇଥାନ୍ତ ତେବେ ତୁମେ ଅଧିକ ସୁଖୀ ହୋଇଥାନ୍ତ ।	hoithānta tebe tume adhika sukhi hoithānta.
3.	If she had been clever she would have not done that.	ଯଦି ସେ ବୁଦ୍ଧିମତୀ ହୋଇଥାନ୍ତା ତେବେ ସେ ଏମିତି କରିନଥାନ୍ତା ।	Jadi se buddhimatī hoithānta tebe se emiti karinathāntā.
4.	Had you sung, we would have enjoyed.	ଯଦି ତୁମେ ଗାଇଥାନ୍ତ ତେବେ ଆମେ ଆନନ୍ଦିତ ହୋଇଥାନ୍ତୁ ।	Jadi tume gāithānta tebe āme ānandita hoithāntu.
5.	If she had reached I would have gone.	ଯଦି ସେ ପହଞ୍ଚିଥାନ୍ତା ତେବେ ମୁଁ ଚାଲି ଯାଇଥାନ୍ତି ।	Jadi se pahanchithāntā tebe muã chāli jāithānti.
6.	Had you came I would have played.	ଯଦି ତୁମେ ଆସିଥାନ୍ତ ତେବେ ମୁଁ ଖେଳିଥାନ୍ତି ।	Jadi tume āsithānta tebe muã khelithānti.
7.	If you had written to me I would have replied to you.	ଯଦି ତୁମେ ମୋତେ ଲେଖିଥାନ୍ତ ତେବେ ମୁଁ ତୁମକୁ ଉତ୍ତର ଦେଇଥାନ୍ତି ।	Jadi tume mote lekhithānta tebe muã tumaku uttar deithānti.
8.	Had you asked me I would have stayed.	ଯଦି ତୁମେ ମୋତେ କହିଥାନ୍ତ ତେବେ ମୁଁ ରହି ଯାଇଥାନ୍ତି ।	Jadi tume mote kahithānta tebe muã rahi jāithānti.
9.	If she had told me earlier I would have not done so.	ଯଦି ସେ ମୋତେ ପୂର୍ବରୁ କହିଥାନ୍ତେ ତେବେ ମୁଁ ଏମିତି କରିନଥାନ୍ତି ।	Jadi se mote pūrbaru kahithānte tebe muã emiti karinathānti.
10.	Had you invited her she would have come.	ଯଦି ତୁମେ ତାକୁ ନିମନ୍ତ୍ରିତ କରିଥାନ୍ତ ତେବେ ସେ ନିଶ୍ଚୟ ଆସିଥାନ୍ତା ।	Jadi tume tāku nimantrita karithānta tebe se nishchaya āsithāntā.
11.	If Radha had wings she would have flown over to Krishna.	ଯଦି ରାଧାଙ୍କର ଡେଣା ଥାନ୍ତା ତେବେ ସେ ଉଡ଼ିକରି କୃଷ୍ଣଙ୍କ ପାଖରେ ପହଞ୍ଚି ଯାଇଥାନ୍ତେ ।	Jadi Rādhānkara ḍeṇā thāntā tebe se uḍikari Krushnanka pākhaku pahañchi jāithānte.
12.	If she had liked the camera she would have bought it.	ଯଦି ତାକୁ କ୍ୟାମେରା ଭଲ ଲାଗିଥାନ୍ତା ତେବେ ସେ ତାକୁ କିଣି ନେଇଥାନ୍ତା ।	Jadi tāku kyāmerā bhala lāgithāntā tebe se tāku kiṇi neithāntā.

27TH STEP ୨୭ତମ ସୋପାନ

INTERROGATIVE SENTENCES (1)

ପ୍ରଶ୍ନସୂଚକ ବାକ୍ୟ (1)

Interrogative Sentences with

(1) IS	ARE	AM	WAS	WERE
ଅଟେ/ଅଛି	ଅଟୁ/ଅଟନ୍ତି	ଅଟେ	ଥିଲା/ଥିଲି	ଥିଲେ

1.	Is Hindi difficult?	କ'ଣ ହିନ୍ଦୀ କଠିନ ଅଟେ ?	Kaṇ Hindi kaṭhin aṭe?
2.	Is it cold today?	କ'ଣ ଆଜି ଥଣ୍ଡା ହେଉଛି ?	Kaṇ aji thaṇḍā heuchhi?
3.	Is your name Narendra Kumar?	କ'ଣ ଆପଣଙ୍କ ନାମ ନରେନ୍ଦ୍ର କୁମାର ଅଟେ ?	Kaṇ āpanaṅka nāma Narendra Kumār aṭe?
4.	Are you afraid of ghosts?	କ'ଣ ତୁମେ ଭୂତକୁ ଡର ?	Kaṇ tume bhūtaku ḍara?
5.	Are you feeling well?	କ'ଣ ତୁମେ ସୁସ୍ଥ ଅଟ ?	Kaṇ tume sustha aṭa?
6.	Are you Mr. Amitabh?	କ'ଣ ତୁମେ ଶ୍ରୀ ଅମିତାଭ ଅଟ ?	Kaṇ tume Shri Amitabh aṭa?
7.	Am I afraid of you?	କ'ଣ ମୁଁ ତୁମକୁ ଡରୁଛି ?	Kaṇ muã tumaku ḍaruchhi?
8.	Am I a fool?	କ'ଣ ମୁଁ ମୂର୍ଖ ?	Kaṇ muã mūrkha?
9.	Am I your servant?	କ'ଣ ମୁଁ ତୁମ ଚାକର ?	Kaṇ muã tuma chākara?
10.	Was she frightened?	କ'ଣ ସେ ଡରି ଯାଇଥିଲା ?	Kaṇ se ḍari jāichhi?
11.	Was he a stranger here?	କ'ଣ ସେ ଏଠାରେ ଅପରିଚିତ ଅଟେ ?	Kaṇ se eṭhāre aparichit aṭe?
12.	Was the moon shining?	କ'ଣ ଜହ୍ନ ଝଟକୁଥିଲା ?	Kaṇ janha jhaṭaku thilā?
13.	Were the boys playing football?	କ'ଣ ପିଲାମାନେ ଫୁଟ୍‌ବଲ ଖେଳୁଥିଲେ ?	Kaṇ pilāmāne futbal kheluthile?
14.	Were you enjoying yourself in Simla?	କ'ଣ ତୁମେ ଶିମଲାରେ ଆନନ୍ଦରେ ରହିଲ ?	Kaṇ tume Shimlā re anandare rahila?

15.	Were you not happy with your collegues?	କ'ଣ ତୁମେ ତୁମ ସାଙ୍ଗମାନଙ୍କ ସହ ଖୁସି ନଥିଲ ?	Kaṇ tume tuma sāngamānaṅka saha khusi nathila?

(2) DO, DOES, DID

ଅତୀତ କ୍ରିୟା, ଭବିଷ୍ୟତ କ୍ରିୟା

16.	Do we shirk work?	କ'ଣ ଆମେ କାମ କରିବାକୁ ଭୟ କରୁ ?	Kaṇ āme kāma karibāku bhaya karu?
17.	Do you smoke?	ଆପଣ ଧୂମ୍ରପାନ କରନ୍ତି କି ?	āpaṇa dhūmrapān karanti ki?
18.	Do you always speak the truth?	ତୁମେ ସର୍ବଦା ସତ କୁହ କି ?	Tume sarbadā sata kuha ki?
19.	Does she like to dress well?	ସେ ଭଲ ବେଶଭୂଷା ପସନ୍ଦ କରନ୍ତି କି ?	Se bhala beshabhūṣa pasand karanti ki?
20.	Does he play games?	ସେ ଖେଳ ଖେଳେ ?	Se khela khele ki?
21.	Does she like her neighbour?	ସେ ନିଜ ପଡ଼ୋଶୀକୁ ପସନ୍ଦ କରେ କି ?	Se nija paḍosi ku pasand kare ki?
22.	Did Anupam eat all the apples?	ଅନୁପମ ସମସ୍ତ ସେଓ ଖାଇଦେଲା ?	Anupam samasta seo khāidelā?
23.	Did you build it?	ତୁମେ ଏହାକୁ ତିଆରି କରିଛ କି ?	Tume ehāku tiāri karichha ki?
24.	Did you ring the bell?	କ'ଣ ତୁମେ ଘଣ୍ଟି ବଜାଇଲ ?	Kaṇ tume ghanti bajaila?

(3) HAS, HAVE, HAD

ବର୍ତ୍ତମାନ କାଳ, ଅତୀତ କାଳ

25.	Has he written to father?	କ'ଣ ସେ ବାପାଙ୍କୁ ଲେଖିଛି ?	Kaṇ se bāpāṅku lekhichhi?
26.	Has her temperature gone down?	କ'ଣ ତାହାର ତାପମାନ ଖସିଯାଇଛି ?	Kaṇ tāhāra tāpmān khasijāichhi?
27.	Has Anurag missed the train?	କ'ଣ ଅନୁରାଗ ଗାଡ଼ି ଫେଲ୍ ହୋଇଗଲା ?	Kaṇ anurāg gaḍi fel hoigalā?
28.	Have you spent	ତୁମେ ନିଜର ସମସ୍ତ ଧନ	Tume nijara samasta

all your money?	ଖର୍ଚ୍ଚ କରିଦେଇଛ କି ?	dhana kharcha kari deichha ki?
29. Have you ever driven any car?	ଆପଣ କେବେ କୌଣସି କାର୍ ଚଳାଇଛନ୍ତି ?	āpaṇa kebe kaunasi kār chalāichhanti?
30. Have you found my handkerchief?	ତୁମେ ମୋର ରୁମାଲ୍ ପାଇଛ କି ?	Tume mora rumāl pāichha ki?
31. Had the postman delivered any letter?	କ'ଣ ଡାକପିଅନ କୌଣସି ଚିଠି ଦେଇଥିଲା ?	Kaṇ ḍāka pian kauṇasi chiṭhi deithilā?
32. Had you finished your work?	ତୁମେ ନିଜ କାମ ସମ୍ପୂର୍ଣ୍ଣ କରିଦେଇଥିଲ କି ?	Tume nija kāma sampūrnna kari deithila ki?
33. Had you ever been to Bombay?	ତୁମେ କେବେ ବମ୍ବେ ଯାଇଥିଲ କି ?	Tume kebe Bambai jāithila ki?

(4) WILL, SHALL, WOULD, SHOULD

ଭବିଷ୍ୟତ କାଳ

34. Will they attend the meeting in time?	କ'ଣ ସେମାନେ ଠିକ୍ ସମୟରେ ସଭାରେ ଉପସ୍ଥିତ ହେବେ ?	Kaṇ semāne ṭhik samayare sabhāre upasthita hebe?
35. Will you meet her at the station?	କ'ଣ ତୁମେ ଷ୍ଟେସନ୍‌ରେ ତାକୁ ଦେଖା କରିବ ?	Kaṇ tume ṣtesan re tāku dekhā kariba?
36. Shall I not apologize for my mistake?	କ'ଣ ମତେ ମୋ ଭୁଲ୍ ପାଇଁ କ୍ଷମା ମାଗିବାକୁ ପଡ଼ିବ ନାହିଁ ?	Kaṇ mate mo bhul pāiā kṣamā māgibaku paḍiba nāhiā?
37. Shall we call on her?	କ'ଣ ଆମକୁ ତା ସହ ଦେଖା କରିବା ଉଚିତ ?	Kaṇ āmaku tā saha dekhā karibā uchit?
38. Would he give me some rupees if I needed some money?	ଯଦି ମୋର ଦରକାର ହୁଏ ତେବେ କ'ଣ ସେ କିଛି ଟଙ୍କା ଦେବ ?	Jadi mora darakār hue tebe kan se kichhi ṭankā deba?
39. Would you tell me the correct answer if I am mistaken?	ଯଦି ମୁଁ ଭୁଲ୍ କରିଦିଏ ତେବେ କ'ଣ ତୁମେ ମୋତେ ଠିକ୍ ଉତ୍ତର କହିଦେବ ?	Jadi muā bhul karidie tebe kaṇ tume mote ṭhik uttara kahi deba?
40. Should I not disturb you?	କ'ଣ ମୋର ଆପଣଙ୍କୁ ବାଧା ଦେବା ଉଚିତ ନୁହେଁ ?	Kaṇ mora āpaṇaṅku bādhā debā uchit nuheā?

41. Should we forget the noble acts of others?	କ'ଣ ଆମେ ଅନ୍ୟମାନଙ୍କ ଉତ୍ତମ କାର୍ଯ୍ୟକୁ ଭୁଲିଯିବା ଉଚିତ ?	Kaṇ āme anyamānaṅka uttama kāryyaku bhulijibā uchit?

(5) CAN, COULD, MAY

ପାରିବ, ପାରିଲା, ପାରେ

42. Can you solve this riddle?	କ'ଣ ତୁମେ ଏହି ପ୍ରହେଳିକାକୁ ସମାଧାନ କରିପାରିବ ?	Kaṇ tume ehi prahel̤ikāku samādhān karipāriba?
43. Can you jump over this fence?	କ'ଣ ତୁମେ ଏହି ବାଡ଼କୁ ଡେଇଁ ପାରିବ ?	Kaṇ tume ehi bāḍaku ḍeiã pāriba?
44. Could he come in time?	କ'ଣ ସେ ଠିକ୍ ସମୟରେ ଆସି ପାରିଲା ?	Kaṇ se ṭhik samayare āsipārilā?
45. Could we do this job alone?	କ'ଣ ଆମେ ଏହି କାମ ଏକାକୀ କରିପାରିଲେ ?	Kaṇ āme ehi kāma ekākī karipārile?
46. May I come in, Sir?	କ'ଣ ମୁଁ ଭିତରକୁ ଆସିପାରେ, ମହାଶୟ ?	Kaṇ muã bhitaraku āsipāre, Mahāshay?
47. May I accompany you, Madam?	କ'ଣ ମୁଁ ଆପଣଙ୍କୁ ସାହାଯ୍ୟ କରିପାରେ, ମହାଶୟା ?	Kaṇ muã āpanaṅku sāhājya karipāre, Mahāshayā?
48. May I have your attention?	କ'ଣ ମୁଁ ଆପଣଙ୍କ ଧ୍ୟାନ ଆକର୍ଷଣ କରିପାରେ ?	Kaṇ muã āpaṇaṅka dhyāna ākarṣan karipāre?

28TH STEP ୨୮ତମ ସୋପାନ

INTERROGATIVE SENTENCES (2)
ପ୍ରଶ୍ନସୂଚକ ବାକ୍ୟ (2)

Interrogative Sentences With

(1) WHAT WHEN WHERE WHY

କ'ଣ କେବେ କେଉଁଠି କାହିଁକି

1. What is your name?	ତୁମ ନାମ କ'ଣ ?	Tuma nāma kaṇ?

2. What is your age?	ତୁମର ବୟସ କେତେ ?	Tumara bayasa kete?
3. What does this mean?	ଏହାର ମାନେ କ'ଣ ?	Ehāra māne kaṇ?
4. What do you want?	ତୁମେ କ'ଣ ଚାହୁଁଛ ?	Tume kaṇ chāhuchha?
5. What did you pay?	ଆପଣ କେତେ (ମୂଲ୍ୟ) ପରିଶୋଧ କଲେ ।	āpana kete (mūlya) pariśodha kale?
6. What will you take?	ଆପଣ କ'ଣ ନେବେ ?	āpaṇa kaṇ nebe?
7. What is the time now?	ବର୍ତ୍ତମାନ କେତେଟା ବାଜିଛି ?	Barttamān keteṭā bājichhi?
8. What colour do you like?	ଆପଣ କେଉଁ ରଙ୍ଗ ପସନ୍ଦ କରନ୍ତି ?	āpaṇa keuã ranga pasand karanti?
9. What wages do you want?	ତୁମେ କେତେ ମଜୁରୀ ଚାହୁଁଛ ?	Tume kete mazūrī chāhuchha?
10. What is your hobby?	ଆପଣଙ୍କର କ'ଣ ଅଭିରୁଚି ଅଛି ?	āpaṇaṅkara kaṇ abhirūchi achhi?
11. When do you get up in the morning?	ଆପଣ ସକାଳୁ କେତେବେଳେ ଉଠନ୍ତି ?	āpaṇa sakālu ketebeḷe uṭhanti?
12. When did you hear this news?	ତୁମେ ଏହି ସମାଚାର କେବେ ଶୁଣିଲ ?	Tume ehi samāchār kebe śuṇila?
13. When shall we return?	ଆମେ କେବେ ଫେରିବା ?	āme kebe feribā?
14. When will you finish your work?	ତୁମେ ତୁମର କାମ କେବେ ସମାପ୍ତ କରିବ ?	Tume tumara kāma kebe samāpta kariba?
15. When did she tell you her story?	ସେ ତୁମକୁ ନିଜର କାହାଣୀ କେବେ ଶୁଣାଇଲା ?	Se tumaku nijara kāhāṇī kebe suṇāilā?
16. When will they meet again?	ସେମାନେ ପୁଣିଥରେ କେବେ ଦେଖାହେବେ ?	Semāne puṇithare kebe dekhāhebe?
17. When was your car stolen?	ତୁମର କାର୍ କେବେ ଚୋରି ହେଲା ?	Tumara kār kebe chori hela?
18. When do you wear your new clothes?	ତୁମେ ତୁମର ନୂଆ ପୋଷାକ କେବେ ପିନ୍ଧ ?	Tume tumara nūā poṣāka kebe pindha?
19. When do we have to leave this station?	ଆମକୁ ଏହି ଷ୍ଟେସନ୍ କେବେ ଛାଡ଼ିବାକୁ ପଡ଼ିବ ?	āmaku ehi stesan kebe chhāḍibāku paḍiba?

20.	At what time do ketebele night?	ତୁମେ ରାତିରେ କେତେବେଳେ ଶୁଅ ?	Tume rātire you sleep at shua?
21.	Where is your purse?	ତୁମର ପର୍ସ କେଉଁଠି ଅଛି ?	Tumara pars keuãṭhi achhi?
22.	Where are you going?	ଆପଣ କେଉଁଠାକୁ ଯାଉଛନ୍ତି ?	āpaṇa keuãṭhāku jāuchhanti?
23.	Where do they live?	ସେମାନେ କେଉଁଠି ରୁହନ୍ତି ?	Semāne keuãṭhi ruhanti?
24.	Where does this path lead do?	ଏହି ରାସ୍ତା କେଉଁ ଆଡ଼କୁ ଯାଇଛି ?	Ehi rāstā keuã āḍaku jaichhi?
25.	Where have you come from?	ଆପଣ କେଉଁଠୁ ଆସିଛନ୍ତି ?	āpaṇa keuãṭhu āsichhanti?
26.	Where can we obtain books?	ଆମେ ପୁସ୍ତକ କେଉଁଠୁ ପାଇପାରିବା ?	āme pustaka keuãṭhu pāipāribā?
27.	Where was your watch made?	ଆପଣଙ୍କ ହାତଘଣ୍ଟା କେଉଁଠି ତିଆରି ହୋଇଛି ?	āpaṇaṅka hataghanṭa keuãṭhi tiāri hoichhi?
28.	Where do you buy tea?	ତୁମେ ଚାହା କେଉଁଠୁ କିଣ ?	Tume chāhā keuãṭhu kiṇa?
29.	Where can I get down?	ମୁଁ କେଉଁଠି ଓହ୍ଲାଇ ପାରିବି ?	Muã keuãṭhi olhāi pāribi?
30.	Where shall we go now?	ଏବେ ଆମେ କେଉଁଠାକୁ ଯିବା ?	Ebe āme keuãṭhāku jibā?
31.	Why does he not apply for this post?	ସେ ଏହି ପଦବୀ ପାଇଁ ଆବେଦନ ପତ୍ର କାହିଁକି ଦେଉନାହିଁ ?	Se ehi padabī pāiã ābedana patra kāhiãki deunāhãnti?
32.	Why did you not come early?	ତୁମେ କାହିଁକି ଶୀଘ୍ର ଆସିଲ ନାହିଁ ?	Tume kāhiãki śīghra āsila nāhiã?
33.	Why did she abuse me?	ସେ ମୋତେ କାହିଁକି ଗାଳି ଦେଲା ?	Se mote kāhiãki gāli delā?
34.	Why do you drink so much?	ଆପଣ ଏତେ ମଦ କାହିଁକି ପିଉଛନ୍ତି ?	āpaṇa ete mada kāhiãki piuchhanti?
35.	Why do you not solve my queries?	ଆପଣ ମୋ ପ୍ରଶ୍ନର ସମାଧାନ କାହିଁକି କରୁନାହାଁନ୍ତି ?	āpana mo prashnara samādhān kāhiãki karunāhāãnti?

36. Why are you so sad today?	ଆଜି ଆପଣ ଏତେ ଦୁଃଖିତ କାହିଁକି ଅଛନ୍ତି ?	āji āpaṇa ete dukhita kāhiāki achhanti?
37. Why was your mother angry with you?	ତୁମ ମା' ତୁମ ଉପରେ କାହିଁକି ରାଗିଥିଲେ ?	Tuma mā tuma upare kāhiāki rāgithile?
38. Why do some people travel abroad?	କିଛି ଲୋକ ବିଦେଶ ଯାତ୍ରା କାହିଁକି କରନ୍ତି ?	Kichhi loka videś yātrā kāhiāki karanti?
39. Why was that M.L.A. sent to prison?	ସେହି ଏମ୍.ଏଲ୍.ଏ. କୁ ଜେଲ୍ କାହିଁକି ପଠାଗଲା ?	Sehi em.el.e. ku jel kāhiāki paṭhāgalā?
40. Why do you not try to understand me?	ଆପଣ ମୋତେ ବୁଝିବାକୁ ଚେଷ୍ଟା କରୁନାହାନ୍ତି କାହିଁକି ?	āpaṇa mote bujhibāku cheṣṭā karunāhānti kāhiāki?

(2) WHO WHOM WHOSE

କିଏ କାହାକୁ କାହାର

41. Who is that fellow?	ସେହି ବ୍ୟକ୍ତି କିଏ ?	Sehi vyakti kie?
42. Who lives in this house?	ଏହି ଘରେ କିଏ ରୁହେ ?	Ehi ghare kie ruhe?
43. Who sang this song?	ଏହି ଗୀତ କିଏ ଗାଇଛି ?	Ehi gīta kie gāichhi?
44. Who repairs the watches?	ହାତଘଣ୍ଟା କିଏ ସଜଉଛି ?	Hātaghantā kie sajauchhi?
45. Who controlled the traffic?	ଯାତାୟାତ ନିୟନ୍ତ୍ରଣ କିଏ କରିଥାଏ ?	Jātāyāt niyantraṇ kie karithāe?
46. Whom do you want?	ଆପଣ କାହାକୁ ଖୋଜୁଛନ୍ତି ?	āpaṇa kāhāku khojuchhanti?
47. By whom are you employed?	ଆପଣ କାହା ଦ୍ୱାରା ଚାକିରିରେ ରହିଛନ୍ତି ?	āpaṇa kāhā dwārā chākirire rahichhanti?
48. Whom had you promised?	ଆପଣ କାହାକୁ ବଚନ ଦେଇଛନ୍ତି ?	āpaṇa kāhāku vachan deichhanti?
49. Whose house is that?	ସେହି ଘର କାହାର ?	Sehi ghara kāhāra?
50. In whose employment are our teachers?	ଆମ ଶିକ୍ଷକମାନେ କାହା ଚାକିରିରେ ଅଛନ୍ତି ?	āma śikshyaka māne kāhā chākirire achhanti?

29TH STEP ୨୯ତମ ସୋପାନ

INTERROGATIVE SENTENCES (3)
ପ୍ରଶ୍ନସୂଚକ ବାକ୍ୟ (3)

Interrogative Sentences with

(1) HOW   HOW LONG   HOW MANY   HOW MUCH

କେମିତି   କେବେଯାଏଁ/କେତେ ପର୍ଯ୍ୟନ୍ତ   କେତୋଟି   କେତେ ପରିମାଣ

1. How do you do?	ଆପଣଙ୍କ ହାଲ୍‌ଚାଲ କ'ଣ ?	Āpaṇanka hālchāl kaṇ?
2. How do you feel now?	ଏବେ ଆପଣ କେମିତି ଅନୁଭବ କରୁଛନ୍ତି ?	Ebe āpaṇa kemiti achhanti.
3. How did you come to know the truth?	ଆପଣଙ୍କୁ କେମିତି ସତ୍ୟତା ଜଣାପଡ଼ିଲା ?	Āpaṇanku kemiti satyatā jaṇā paḍilā?
4. How are you?	ଆପଣ କେମିତି ଅଛନ୍ତି ?	āpaṇ kemiti achhanti?
5. How old are you?	ଆପଣଙ୍କ ବୟସ କେତେ ?	āpaṇanka bayasa kete?
6. How is it possible?	ଏହା କେମିତି ସମ୍ଭବ ?	Ehā kemiti sambhav?
7. How old is your son?	ଆପଣଙ୍କ ପୁଅର ବୟସ କେତେ ?	āpaṇanka puara bayasa kete?
8. How do you manage it?	ଆପଣ କେମିତି ଏହାକୁ ପରିଚାଳନା କଲେ ?	āpaṇa kemiti ehāku parichālanā kale?
9. How long have you been in India?	ଆପଣ ଭାରତରେ କେବେଠାରୁ ଅଛନ୍ତି ?	āpaṇa Bhāratare kebeṭhāru achhanti?
10. How long has your mother been sick?	ଆପଣଙ୍କ ମା' କେବେଠାରୁ ବେମାର ପଡ଼ିଛନ୍ତି ?	āpaṇanka mā kebe thāru bemār paḍichhanti?
11. How long do they want the rooms for?	ସେମାନେ କେତେ ସମୟ ପାଇଁ ରୁମ୍ ଚାହୁଁଛନ୍ତି ?	Semāne kete samay paiā rum chāhuchhanti?

12. How long is the post-office from your residence?	ଆପଣଙ୍କ ଘରଠାରୁ ଡାକଘର କେତେ ଦୂର ?	āpaṇanka gharaṭhāru ḍākaghara kete dūra?
13. How long is this room?	ଏହି କୋଠରି କେତେ ଲମ୍ବା ଅଟେ ?	Ehi koṭhari kete lambā aṭe?
14. How long is the capital from here?	ଏହିଠାରୁ ରାଜଧାନୀ କେତେ ଦୂରରେ ଅଛି ?	Ehiṭhāru rājdhāni kete dūrare achhi?
15. How many family members have you?	ଆପଣଙ୍କ ପରିବାରରେ କେତେ ବ୍ୟକ୍ତି ଅଛନ୍ତି ?	āpaṇanka paribārare kete vyakti achhanti?
16. How many brothers and sisters have you?	ଆପଣଙ୍କର କେତେ ଭାଇ-ଭଉଣୀ ଅଛନ୍ତି ?	āpaṇankara kete bhāi-bhauṇi achhanti?
17. How many seats are there in the bus?	ବସ୍‌ରେ କେତୋଟି ସିଟ୍ ଅଛି ?	Basre ketoṭi siṭ achhi?
18. How much money is to be paid?	କେତେ ଟଙ୍କା ଦେବାର ଅଛି ?	Kete ṭankā debāra achhi?
19. How much do you charge per head?	ମୁଣ୍ଡ ପିଛା ଆପଣ କେତେ ନେବେ ?	Munda pichhā āpaṇa kete nebe?
20. How much milk is required?	କେତେ କ୍ଷୀର ଦରକାର ?	Kete kshira darakār?

(2) WHICH

କେଉଁଟି

21. Which is your umbrella?	କେଉଁଟି ତୁମର ଛତା ଅଟେ ?	Keuāṭi tumara chhatā ate?
22. Which film will you see on Sunday?	ତୁମେ ରବିବାର ଦିନ କେଉଁ ଫିଲ୍ମ ଦେଖିବ ?	Tume Ravivār dina Keuã film dekhiba?
23. Which is the right way?	କେଉଁ ରାସ୍ତାଟି ଠିକ୍ ଅଟେ ?	Keuã rāstāṭi ṭhik ate?
24. Which is the booking office?	ଟିକଟ ଘର କେଉଁଟି ?	Tikaṭ-ghara keuãṭi?
25. Which is your favourite book?	ତୁମର ମନପସନ୍ଦ ପୁସ୍ତକ କେଉଁଟି ?	Tumara manapasand pustak keuãṭi?
26. At which platform does the frontier mail arrive?	କେଉଁ ପ୍ଲାଟ୍‌ଫର୍ମରେ ଫ୍ରଣ୍ଟିୟର ମେଲ୍ ଆସିବ ?	Keuã plāṭformre fronṭiar mel āsiba?

30TH STEP ୩୦ତମ ସୋପାନ

NEGATIVE SENTENCES
ନିଷେଧସୂଚକ ବାକ୍ୟ

Negative Sentences with

(1) NOT NO-NOT NO NEVER NOTHING SELDOM
ନାହିଁ ନା-ନୁହେଁ ନା କଦାପି ନୁହେଁ କିଛି ନାହିଁ କଦାଚିତ୍/ପ୍ରାୟ ନୁହେଁ

1. My father is not feeling well.	ମୋ ବାପାଙ୍କ ସ୍ୱାସ୍ଥ୍ୟ ଠିକ୍ ନାହିଁ ।	Mo bāpānka swāsthya ṭhik nāhiā̃.
2. We are not fools.	ଆମେ ମୂର୍ଖ ନୁହେଁ ।	āmc mūrkha nuheā̃.
3. I don't know what you say.	ମୁଁ ଜାଣିନାହିଁ ଆପଣ କ'ଣ କହିଲେ ।	Muā̃ jāṇināhiā̃ āpaṇa kaṇ kahile.
4. I don't know who she is.	ମୁଁ ଜାଣିନାହିଁ ସେ କିଏ ।	Muā̃ jāṇināhiā̃ se kie.
5. No, I don't understand.	ନା, ମୁଁ ବୁଝିପାରିଲି ନାହିଁ ।	Nā, muā̃ bujhipārili nāhiā̃.
6. I know nothing about it.	ମୁଁ ଏ ବାବଦରେ କିଛି ଜାଣିନାହିଁ ।	Muā̃ e bābadare kichhi jāṇināhiā̃.
7. Nothing in particular.	କିଛି କଥା ନାହିଁ ।	Kichhi kathā nāhiā̃.
8. I did not want anything.	ମୁଁ କିଛି ଇଚ୍ଛା କରିନାହିଁ ।	Muā̃ kichhi ichhā karināhiā̃.
9. No sir, the boss has not come yet.	ନା ମହାଶୟ, ମାଲିକ ଏବେ ଆସିବେ ନାହିଁ ।	Nā mahāshaya, mālika ebe āsibe nāhiā̃.
10. No thorough fare.	ସାଧାରଣ ରାସ୍ତା ନାହିଁ ।	Sadharaṇ rāstā nāhiā̃.
11. No, I have a headache.	ନା, ମୋର ମୁଣ୍ଡ ବିନ୍ଧୁଛି ।	Nā, mora munda bindhuchhi.
12. No, not at all.	ନା, ବିଲକୁଲ ନୁହେଁ ।	Nā, bilkul nuheā̃.
13. She is not trustworthy.	ସେ ବିଶ୍ୱାସର ପାତ୍ର ନୁହେଁ ।	Se vishwāsra pātra nuheā̃.
14. Barking dogs seldom bite.	ଭୁକିଲା କୁକୁର କାମୁଡ଼େ ନାହିଁ ।	Bhukilā kukura kāmuḍe nāhiā̃.

15. One has never seen such an absurd man.
କେହି ଏଭଳି ଅସଭ୍ୟ ବ୍ୟକ୍ତି ଦେଖି ନାହାନ୍ତି ।
Kehi ebhali asabhya vyakti dekhi nāhānti.

16. Do not touch it.
ଏହାକୁ ଛୁଅଁ ନାହିଁ ।
Ehāku chhuaā nahiā.

(2) Negative Sentences with Interrogation

ପ୍ରଶ୍ନ-ସହିତ ନିଷେଧସୂଚକ ବାକ୍ୟ

17. I can jump. Can't I?
ମୁଁ ଡେଇଁ ପାରିବି । ନୁହେଁ କି ?
Muā dein pāribi. nuheā ki?

18. We shall return in time. Shan't we?
ଆମେ ଠିକ୍ ସମୟରେ ଫେରିଯିବା ! ନୁହେଁ କି ?
āme thik samayare pherijibā. nuheā ki?

19. They will surely come. Won't they?
ସେମାନେ ନିଶ୍ଚୟ ଆସିବେ । ନୁହେଁ କି ?
Semāne nischaya āsibe. nuheā ki?

20. They are fools. Aren't they?
ସେମାନେ ମୂର୍ଖ ଅଟନ୍ତି । ନୁହେଁ କି ?
Semāne mūrkha aṭanti. nuheā ki?

21. You should not abuse others. Should you?
ତୁମେ ଅନ୍ୟମାନଙ୍କୁ ଗାଳି ଦେବା ଉଚିତ୍ ନୁହେଁ । ଦେବା ଉଚିତ କି ?
Tume anyamānaṅku gāli debā uchit nuheā. Debā uchit ki?

22. You must not smoke. Must you?
ତୁମର ସିଗାରେଟ୍ ପିଇବା ବିଲ୍‌କୁଲ ଉଚିତ ନୁହେଁ । ପିଇବା ଉଚିତ୍ କି ?
Tumara sigāreṭ pibā bilkul uchit nuheā. Pibā uchit ki?

23. There is enough milk. Isn't it?
ପର୍ଯ୍ୟାପ୍ତ କ୍ଷୀର ଅଛି । ନୁହେଁ କି ?
Paryāpta kṣira achhi. nuheā ki?

24. Can't you find your handkerchief?
କ'ଣ ତୁମେ ନିଜ ରୁମାଲ ଖୋଜି ପାଉନାହଁ ?
Kaṇ tume nija rumāl khoji pāunāhā?

25. Couldn't he have done better?
କ'ଣ ସେ ଏହାଠାରୁ ଭଲ କାମ କରିପାରି ନଥାନ୍ତା ?
Kaṇ se ehāthāru bhala kāma karipāri nathāntā?

26. Won't you be able to come and see us?
କ'ଣ ତୁମେ ଆମକୁ ଦେଖା କରିବାକୁ ଆସିପାରି ନଥାନ୍ତ ?
Kaṇ tume āmaku dekhā kribāku āsipāri nathānta?

27. Aren't you going to walk now?
କ'ଣ ତୁମେ ଏବେ ବୁଲିବାକୁ ଯାଉନାହଁ ?
Kaṇ tume ebe bulibāku jāunāhaā?

28. Must I tell you again?
କ'ଣ ମତେ ତୁମକୁ ପୁଣିଥରେ କହିବାକୁ ପଡ଼ିବ ?
Kaṇ mate tumaku punithare kahibāku padiba?

PART 4 : SITUATIONAL SENTENCES

31ST STEP ୩୧ତମ ସୋପାନ

AT HOME

ଘରେ

1.	You have come to visit after a long time	ଆପଣ ବହୁଦିନ ପରେ ଦର୍ଶନ ଦେଲେ ।	āpṇa bahudina pare darśan dele.
2.	What brings you here?	ଆପଣ କାହିଁକି ଆସିଲେ ?	āpaṇa kāhiāki āsile?
3.	What brings you here?	ଆପଣ କାହିଁକି କଷ୍ଟ କଲେ ?	āpaṇ kāhiāki kaṣṭa kale?
4.	I seek your advice.	ମୋର ଆପଣଙ୍କ ଠାରୁ ପରାମର୍ଶ ନେବାର ଅଛି ।	Mora āpaṇaka ṭhāru parāmarsh nebār achhi.
5.	What is your opinion on this matter?	ଏ ବିଷୟରେ ଆପଣଙ୍କ ମତ କ'ଣ ?	E viṣayre āpaṇaka mata kaṇ?
6.	I have come for some important matter.	ମୁଁ କିଛି ବିଶେଷ କାମ ପାଇଁ ଆସିଛି ।	Muā kichhi viśeṣ kāma pāiā āsichhi.
7.	She had some work with you.	ତା'ର ତୁମ ପାଖରେ ଗୋଟିଏ କାମ ଥିଲା ।	Tāra tuma pākhare gotie kāma thilā.
8.	Come some other time.	ଆଉ କେବେ ଆସ ।	āu kebe āsa.
9.	Both of you may come.	ଆପଣ ଦୁହେଁ ଆସିପାରନ୍ତି ।	āpaṇa duheā āsipāranti.
10.	Promise that you shall come.	କଥା ଦିଅ ଯେ ନିଶ୍ଚୟ ଆସିବ ।	Kathā dia je niśchaya āsiba.

11. I have forgotten your name.
ମୁଁ ଆପଣଙ୍କ ନାମ ଭୁଲି ଯାଇଛି ।
Muā̃ āpaṇaka nāma bhuli jāichhi.

12. You are beyond recognition.
ଆପଣ ଚିହ୍ନି ହେଉ ନାହାନ୍ତି ।
āpaṇa chinhi heu nāhānti.

13. I woke up early this morning.
ଆଜି ସକାଳେ ମୋର ନିଦ ଶୀଘ୍ର ଭାଙ୍ଗିଲା ।
āji sakāle mora nida śīghra bhāngilā.

14. I did not think it proper to wake you up.
ମୁଁ ଆପଣଙ୍କୁ ଉଠାଇବା ଉଚିତ ମନେକଲି ନାହିଁ ।
Muā̃ āpaṇaku uthāibā uchit manekali nāhiā̃.

15. Are you still awake?
ଆପଣ ଏ ପର୍ଯ୍ୟନ୍ତ ଉଜାଗର ଅଛନ୍ତି ?
āpaṇa e paryanta ujāgara achhanti?

16. I shall rest for a while.
ମୁଁ ଟିକିଏ ବିଶ୍ରାମ ନେଉଛି ।
Muā̃ ṭikie vishrām neuchhi.

17. Let them rest.
ତାଙ୍କୁ ବିଶ୍ରାମ କରିବାକୁ ଦିଅନ୍ତୁ ।
Tanku vishrām karibāku diantu.

18. I shall come some other time.
ମୁଁ ପୁଣି କେବେ ଆସିବି ।
Muā̃ puṇi kebe āsibi.

19. I am feeling sleepy.
ମୋତେ ନିଦ ଲାଗିଲାଣି ।
Mote nida lāgilāṇi.

20. Go and take a rest.
ଏବେ ବିଶ୍ରାମ ନିଅ ।
Ebe vishrām nia.

21. I feel very sleepy.
ମୋତେ ଗଭୀର ନିଦ ଲାଗିଲାଣି ।
Mote gabhīra nida lāgilāṇi.

22. Please inform me of her arrival.
ଦୟାକରି ତାଙ୍କ ଆସିବାର ଖବର ମୋତେ ଦିଅନ୍ତୁ ।
Dayākari tānka āsibāra khabar mote diantu.

23. He left a long while ago.
ସେ ବହୁ ପୂର୍ବରୁ ଚାଲି ଗଲାଣି ।
Se bahu pūrbaru chāli galāṇi.

24. Why did you not go?
ଆପଣ କାହିଁକି ଗଲେନାହିଁ ?
āpaṇ kahiāki gale nāhiā̃?

25. I could not go because of some urgent work.
ମୁଁ କୌଣସି ଜରୁରୀ କାମ ଯୋଗୁ ଯାଇପାରିଲି ନାହିଁ ।
Muā̃ kauṇasi jarurī kāma jogu jāi pārili nāhiā̃.

26. Why did you not come the day before yesterday?	ଆପଣ ପହର ଦିନ କାହିଁକି ଆସିଲେ ନାହିଁ ?	āpaṇa pahar dina kāhiki āsile nāhin?
27. There was an urgent piece of work.	ଏକ ଜରୁରୀ କାମ ଆସି ଯାଇଥିଲା ।	Eka zaruri kāma āsi jāithilā.
28. I have been out since morning.	ମୁଁ ସକାଳୁ ଘରୁ ବାହାରିଛି ।	Mu sakāḷu gharu bāhārichhi.
29. They must be waiting for me at home.	ସେମାନେ ମୋତେ ଘରେ ଅପେକ୍ଷା କରିଥିବେ ।	Semāne mote ghare apeksā karithibe.
30. I cannot stay any longer now.	ମୁଁ ଏବେ ଆଉ ରହି ପାରିବି ନାହିଁ ।	Muā ebe āu rahi pāribi nāhi.
31. Good bye, see you again.	ଆଚ୍ଛା ବିଦାୟ, ପୁଣି ଦେଖାହେବ ।	Achchā vidāya, puṇi dekhāheba.

32ND STEP ୩୨ତମ ସୋପାନ

SHOPPING
କିଣାକିଣି

1. Where is the Central Market?	ସେଣ୍ଟ୍ରାଲ ମାର୍କେଟ୍ କେଉଁଠି ଅଛି ?	Senṭrāl mārkeṭ keuṭhi achhi?
2. I am going there, follow me.	ମୋ ସାଙ୍ଗରେ ଚାଲ, ମୁଁ ସେହି ଜାଗାକୁ ଯାଉଛି ।	Mo sāngare chāla, mu sehi jāgāku jāuchi.
3. I want to purchase some clothes.	ମୁଁ କିଛି ପୋଷାକ କିଣିବାକୁ ଚାହୁଁଛି ।	Muā kichhi posāka kiṇibāku chāhuchhi.
4. Which is the cheapest and best shop?	କେଉଁଟି ଶସ୍ତା ଏବଂ ସବୁଠାରୁ ଭଲ ଦୋକାନ ?	Keuṭi sastā ebam sabuthāru bhala dokān?
5. How much money have you?	ଆପଣଙ୍କ ପାଖରେ କେତେ ଟଙ୍କା ଅଛି ?	āpaṇaṅka pākhare kete ṭankā achhi?
6. Don't spend more than you can afford.	ନିଜ ଆୟ ଠାରୁ ଅଧିକ ଖର୍ଚ୍ଚ କରନ୍ତୁ ନାହିଁ ।	Nija āya ṭhāru adhik kharch karantu nāhi.

7. Is the price fixed?	କ'ଣ ଗୋଟିଏ ଦାମ୍ ?	Kaṇ gotie dām?
8. State your minimum price.	ସବୁଠାରୁ କମ୍ ଦାମ୍ କୁହନ୍ତୁ ।	Sabuthāru kam dām kuhantu.
9. Will you give it for seventy rupees?	କ'ଣ ଆପଣ ଏହାକୁ ସତୁରି ଟଙ୍କାରେ ଦେବେ ?	Kaṇ āpaṇa ehāku saturi ṭaṅkāre debe?
10. Count the money.	ଟଙ୍କା ଗଣି ନିଅନ୍ତୁ ।	ṭaṅkā gaṇi niantu.
11. Give me the balance.	ବଳକା ପଇସା ଦିଅନ୍ତୁ ।	Baḷakā paisā diantu.
12. Do you sell socks?	ଆପଣ ମୋଜା ବିକୁଛନ୍ତି କି ?	āpaṇa mojā bikuchhanti ki?
13. Buy this one.	ଏହାକୁ କିଣି ନିଅନ୍ତୁ ।	Ehāku kiṇi niantu.
14. Show me another variety.	ମତେ ଅନ୍ୟ ପ୍ରକାରର ଦେଖାନ୍ତୁ ।	Mate anya prakārara dekhāntu.
15. I do not want this.	ମୋର ଏହା ଦରକାର ନାହିଁ ।	Mora ehā darakāra nāhin.
16. Not so costly.	ଏତେ ଦାମିକା ନୁହେଁ ।	Ete dāmikā nuheā.
17. I do not want this colour.	ମୋର ଏହି ରଙ୍ଗର ଦରକାର ନାହିଁ ।	Mora ehi raṅgara darakār nāhin.
18. It is faded.	ଏହାର ରଙ୍ଗ ଉଡ଼ିଯାଇଛି ।	Ehāra ranga udijāichi.
19. This is good.	ଏହା ଭଲ ଲାଗୁଛି ।	Ehā bhala lāguchi.
20. It is very dear.	ଏହା ବହୁତ ମହଙ୍ଗା ଅଟେ ।	Ehā bahut mahaṅgā ate.
21. Quite cheap.	ଏକଦମ୍ ଶସ୍ତା ।	Ekdam sasta.
22. Will it shrink?	କ'ଣ ଏହା ମରିବ ?	Kaṇ ehā mariba?
23. Can you recommend a good shop for shoes?	କ'ଣ ଆପଣ ଜୋତା ଦୋକାନ ଦେଖାଇ ପାରିବେ ?	Kaṇ āpaṇa jotā dokāna dekhāi pāribe?
24. Bata shoes are quite reliable.	ବାଟା ର ଜୋତା ବିଶ୍ୱାସ ଯୋଗ୍ୟ ଅଟେ ।	Bāṭā ra jotā biswās yogya aṭe.
25. May we get it for you?	କ'ଣ ଆପଣଙ୍କ ପାଇଁ ଆମେ ମଗେଇଦେବୁ ?	Kaṇ āpaṇaṅka pāin āme mageidebu?
26. Is the shop far away?	କ'ଣ ସେହି ଦୋକାନ ଦୂରରେ ଅଛି ?	Kaṇ sehi dokāna durare achhi?
27. How much for a pair?	ଗୋଟିଏ ହଳର ମୂଲ୍ୟ କେତେ ?	Gotie halara mūlya kete?

28. Where is my bill?	ମୋ ବିଲ୍ କେଉଁଠି ଅଛି ?	Mo bill keuṭhi achhi?
29. Which is the payment counter?	ପଇଠ କରିବାର କାଉଣ୍ଟର କେଉଁଠି ?	Paiṭha karibāra kāunṭer keuṭhi?
30. Please give me the maximum discount.	ଦୟାକରି ମୋତେ ଅଧିକ କମିସନ୍ ଦିଅନ୍ତୁ ।	Dayākari mote adhika kamishan diantu.
31. The error or omission will be adjusted.	ଭୁଲ୍ ଭଟକା ସୁଧାର କରାଯିବ ।	Bhul bhaṭakā sudhār karājiba.

33RD STEP ୩୩ତମ ସୋପାନ

CRAFTSMEN
ହସ୍ତଶିଳ୍ପୀ

(1) Cobbler ମୋଚି

1. Have you mended my shoes?	ତୁମେ ମୋର ଜୋତା ମରାମତି କରିଦେଇଛ କି ?	Tume mora jotā marāmati karideichha ki?
2. I want to get these shoes resoled.	ମୁଁ ମୋ ଜୋତାରେ ସୋଲ୍ ଲଗାଇବାକୁ ଚାହୁଁଛି ।	Muā mo jotāre sol lagāibāku cāhuchhi.
3. What would you charge for resoling?	ଆପଣ ସୋଲ୍ ଲଗାଇଦେଲେ କେତେ ନେଉଛନ୍ତି ?	āpaṇa sol lagāidele kete neuchhanti?
4. Don't use nails, stitch it.	କଣ୍ଟା ମାର ନାହିଁ, ସିଲେଇ କର ।	Kanṭā māra nāhiā, silei kara.
5. I need white laces.	ମୋର ଧଳା ଫିତା ଦରକାର ।	Mora dhalā phitā darakār.

(2) Watch-maker ଘଣ୍ଟା ମରାମତି କରିବା ବ୍ୟକ୍ତି

6. What is wrong with your watch?	ଆପଣଙ୍କ ଘଣ୍ଟାର କ'ଣ ହୋଇଛି ?	āpaṇanka ghanṭāra kan hoichhi?
7. This watch gains eight minutes a day.	ମୋ ଘଣ୍ଟା ଆଠ ମିନିଟ୍ ଆଗୁଆ ହୋଇଯାଉଛି ।	Mo ghanṭā āṭha miniṭ āguā hoijāichhi.

8. That watch loses six minutes in 24 hours.	ସେହି ଘଣ୍ଟା ଚବିଶ ଘଣ୍ଟାରେ ଛଅ ମିନିଟ୍ ପଛୁଆ ହୋଇଯାଉଛି ।	Sehi ghanṭā chabis ghanṭāre chha miniṭ pachhuā hoijāichhi.
9. Did you drop this watch?	କ'ଣ ଏହା ତୁମ ହାତରୁ ପଡ଼ିଯାଇଥିଲା ?	Kaṇ ehā tuma hātaru paḍijāithilā?
10. The hand of this watch is broken.	ଏହି ଘଣ୍ଟାର କଣ୍ଟା ପଡ଼ିଯାଇଛି ।	Ehi ghanṭā ra kanṭā paḍijāichhi?

(3) Tailor ଦର୍ଜି

11. Is there any good tailor's shop?	କ'ଣ ଏଠାରେ କୌଣସି ଭଲ ଦର୍ଜି ଦୋକାନ ଅଛି ?	Kaṇ eṭhāre kaunasi bhala darzi dokān achhi?
12. I want to have a suit stitched.	ମୁଁ ଗୋଟିଏ ସୁଟ୍ ସିଲେଇ କରିବାକୁ ଚାହୁଁଛି ।	Muā goṭie suṭ silei karibāku chāhuchhi.
13. Would you like loose fitting.	କ'ଣ ଆପଣ ଢିଲା ଫିଟିଙ୍ଗ୍ ପସନ୍ଦ କରନ୍ତି ?	Kaṇ āpaṇa dhilā fiṭing pasand karanti.
14. No, I would like tight fitting.	ନା, ମୁଁ ସ୍ମାର୍ଟ ଫିଟିଙ୍ଗ୍ ପସନ୍ଦ କରେ ।	Nā, muā smārṭ fiṭing pasand kare.
15. Is the shirt ready?	କ'ଣ ସାର୍ଟ ସିଲେଇ ସରିଛି ?	Kaṇ sārṭ silei sarichhi?
16. Yes, I have only to iron it.	ହଁ, କେବଳ ଇସ୍ତ୍ରୀ କରିବା ବାକି ଅଛି ।	Haā, kebala istri karibā bāki achhi.

(4) Hair-dresser ଭଣ୍ଡାରୀ

17. How long do I have to wait?	ମୋତେ କେତେ ସମୟ ଅପେକ୍ଷା କରିବାକୁ ପଡ଼ିବ ?	Mote kete samaya apeksā karibāku paḍiba?
18. What do you charge for a clean shave?	ଆପଣ ଗୋଟିଏ ପରିଷ୍କାର ସେଓକୁ କେତେ ନେଉଛନ୍ତି ?	Apaṇ goṭie pariskar seoku kete neuchhanti?
19. Please sharpen the razor.	ଦୟାକରି ଖୁର ଧାର କରିନିଅନ୍ତୁ ।	Dayākari khura dhāra kariniantu.
20. Your razor is blunt.	ତୁମ ଖୁରରେ ଧାର ନାହିଁ ।	Tuma khurare dhāra nahain.
21. Cut my hair, but not too short.	ମୋ ବାଳ କାଟନ୍ତୁ, କିନ୍ତୁ ଅତି ଛୋଟ ନୁହେଁ ।	Mo bāla kāṭantu, kintu ati chhoṭa nuheā.

(5) Grocer ଦୋକାନୀ

22. This is a fair price shop.	ଏହା ଉଚିତ୍ ଦର ନେଉଥିବା ଦୋକାନ ଅଟେ ।	Ehā uchit dara neuthibā dokān aṭe.

23.	'Fixed price' and 'No credit' these are our mottos.	'ଗୋଟିଏ ଦାମ' ଏବଂ 'ଉଧାର ନାହିଁ' ଏହା ଆମର ନୀତି ଅଟେ ।	goṭie dām ebam udhār nahiā̃ -ehā āmara nīti aṭe.
24.	We arrange home delivery.	ଆମେ ଘରକୁ ଜିନିଷ ପହଞ୍ଚାଇ ଦେଉ ।	āme gharaku jiniṣa pahanchāi deu.
25.	Please give me 1 kg. pure Desi Ghee.	ଦୟାକରି ମତେ ୧ କିଲୋ ଦେଶୀ ଘିଅ ଦିଅନ୍ତୁ ।	Dayākari mate 1 kilo deśī ghia diantu.
26.	How much is it?	କେତେ ପଇସା ହେଲା ?	Kete paisā helā?

(6) Dry Cleaner/Washerman ଡ୍ରାଏକ୍ଲିନର/ଧୋବା

27.	I must have these clothes within a week.	ମୋତେ ଏହି ପୋଷାକ ସପ୍ତାହକ ଭିତରେ ଦରକାର ।	Mote ehi poṣāka saptāhaka bhitare darakār.
28.	I want this suit dry cleaned.	ମୁଁ ଏହି ସୁଟ୍ ଡ୍ରାଏକ୍ଲିନ୍ କରିବାକୁ ଚାହୁଁଛି ।	Muā̃ ehi suṭ dryklin karibāku chāhuchhi.
29.	This shirt is not properly washed.	ଏହି ସାର୍ଟ ଠିକ୍ ଭାବେ ଧୁଆ ହୋଇନାହିଁ ।	Ehi sārṭ ṭhik bhābe dhuā hoināhiā̃.
30.	These are silken clothes. Wash them carefully.	ଏଗୁଡ଼ିକ ରେଶମ କପଡ଼ା । ଏହାକୁ ସାବଧାନତାର ସହ ଧୋଇବ ।	Egudika reśam kapaḍā. ehāku sābadhānatāre dhoiba.
31.	The trousers are badly ironed.	ପ୍ୟାଣ୍ଟଗୁଡ଼ିକ ଠିକ୍ ଭାବେ ଇସ୍ତ୍ରୀ ହୋଇନାହିଁ ।	Pyānṭ guḍika ṭhik bhābe istri hoināhiā̃.
32.	You must take them back.	ଏଗୁଡ଼ିକୁ ଫେରାଇ ନିଅ ।	Eguḍiku ferāi nia.
33.	Your charges are too much.	ତୁମେ ଅଧିକ ପଇସା କହୁଛ ।	Tume adhika paisā kahuchha.
34.	Of course, we have a prompt service.	ନିଃସନ୍ଦେହ, ଆମେ କାମ ମଧ୍ୟ ଠିକ୍ ସମୟରେ କରୁ ।	Nisandeh, āme kāma ṭhik samayare karu.

34TH STEP ୩୪ତମ ସୋପାନ

FOODS & DRINKS
ଖାଦ୍ୟ ଏବଂ ପାନୀୟ

1.	I am feeling hungry.	ମତେ ଭୋକ ଲାଗୁଛି ।	Mate bhoka lāguchhi.

2.	Where can I get a good meal?	ମୋତେ ଭଲ ଖାଦ୍ୟ କେଉଁଠି ମିଳିପାରିବ ?	Mote bhala khadya keuãṭhi miliba?
3.	Come, let us take our food.	ଚାଲ, ଖାଦ୍ୟ ଖାଇବା ।	Chāla khādya khāiba.
4.	What will you have?	ଆପଣ କ'ଣ ଖାଇବେ ?	āpaṇ kaṇ khāibe?
5.	Please give me the menu.	ମତେ ମେନ୍ୟୁ ଦିଅନ୍ତୁ ।	Mate menu diantu.
6.	Get the breakfast ready.	ଜଳଖିଆ ପ୍ରସ୍ତୁତ କରନ୍ତୁ ।	Jalakhia prastuta karantu.
7.	Please have your food with us today.	ଆଜି ଆପଣ ଆମ ସହ ଖାଦ୍ୟ ଖାଆନ୍ତୁ ।	āji āpaṇa āma saha khādya khāāntu.
8.	Do you have a special diet?	କ'ଣ ଆପଣଙ୍କ ପାଖରେ କିଛି ବିଶେଷ ଆହାର ଅଛି ?	Kaṇ āpananka pākhare kichhi biśeṣ āhāra achhi?
9.	Do you prefer sweet or salty dish?	ଆପଣଙ୍କୁ ମିଠା ଜିନିଷ ପସନ୍ଦ ନା ଲୁଣିଆ ?	āpaṇanku miṭhā jiniṣ pasand nā luṇiā?
10.	Please give me Gujrati dishes.	ମୋତେ ଗୁଜରାତୀ ଭୋଜନ ଦିଅନ୍ତୁ ।	Mote Gujrātī bhojan diantu.
11.	Please give me salt and pepper.	ମୋତେ ଲୁଣ ଏବଂ ଲଙ୍କା ଦିଅନ୍ତୁ ।	Mote luṇa ebam lankā diantu.
12.	The mango is my favourite fruit.	ଆମ୍ବ ମୋର ପ୍ରିୟ ଫଳ ଅଟେ ।	āmba mora priya phala aṭe.
13.	What would you prefer –Indian or Continental food?	ଆପଣ କ'ଣ ଖାଇବାକୁ ପସନ୍ଦ କରିବେ - ଦେଶୀ ନା ବିଦେଶୀ ଭୋଜନ ?	āpaṇa kaṇ khāibāku pasand karibe–deśī nā bideśī bhojan?
14.	Which drink would you like to have– Campa or Limca?	ଆପଣ କ'ଣ ପିଇବାକୁ ପସନ୍ଦ କରିବେ- କାମ୍ପା ନା ଲିମ୍କା ?	āpaṇa kaṇ pibāku pasand karibe- Kāmpā nā limkā?
15.	Please give me a cup of coffee.	ମୋତେ ଏକ କପ୍ କଫି ଦିଅନ୍ତୁ ।	Mote eka kap kafi diantu.
16.	Would you like to have whisky?	କ'ଣ ଆପଣ ମଦ ପିଇବେ ?	Kaṇ āpaṇa mada pibe?
17.	No sir, I will drink beer.	ନା ମହାଶୟ, ମୁଁ ବିୟର୍ ପିଇବି ।	Nā mahāśaya, muã biyar pibi.
18.	Give me a little more water.	ଆଉ ଟିକେ ପାଣି ଦିଅନ୍ତୁ ।	āu ṭike pāṇi diantu.
19.	I am vegetarian, I	ମୁଁ ଶାକାହାରୀ ଅଟେ,	Muã śākāhārī aṭe,

cannot take non-vegetarian dish.	ମୁଁ ମାଂସାହାରୀ ଆହାର ଖାଇ ପାରିବି ନାହିଁ ।	muã mānsaharī āhāra khāipāribi nāhi.
20. Food has been served.	ଖାଦ୍ୟ ପରସା ଗଲାଣି ।	Khādya parasā galāṇi.
21. The food is quite tasty.	ଖାଦ୍ୟ ବହୁତ ସ୍ୱାଦିଷ୍ଟ ହୋଇଛି ।	Khādya bahuta swādiṣṭa hoichhi.
22. You have eaten very little.	ଆପଣ ତ କିଛି ଖାଇ ନାହାନ୍ତି ।	āpaṇa ta kichhi khāināhanti.
23. Please give me some appetizer.	କୌଣସି କ୍ଷୁଧା ଉଦ୍ଦୀପକ ପାନୀୟ ଦିଅନ୍ତୁ ।	Kaunasi kṣudha udīpaka pānīya diantu.
24. I have to go to a party.	ମୋତେ ଗୋଟିଏ ଭୋଜିକୁ ଯିବାର ଅଛି ।	Mote gotie bhojiku jibāra achhi.
25. Please bring some milk for me.	ଆମ ପାଇଁ କିଛି କ୍ଷୀର ଆଣ ।	āma pāin kichhi kṣira āṇa.
26. Please put only a little sugar in the milk.	କ୍ଷୀରରେ ଚିନି କମ୍ ପକାନ୍ତୁ ।	Kṣīrare chini kam pakāntu.
27. Please have this soft drink.	ନିଅ, ସର୍ବତ ପିଅ ।	Nia, sarbat pia.
28. Have a little more.	ଆଉ ଟିକିଏ ନିଅନ୍ତୁ ।	āu tikie niantu.
29. Bring a cup of tea.	ଏକ କପ୍ ଚାହା ନିଅନ୍ତୁ ।	Eka kap chāhā niantu.
30. I don't like tea.	ମୋତେ ଚାହା ଭଲ ଲାଗେନାହିଁ ।	Mote chāhā bhala lāge nāhin.
31. Thanks, I am fully gratified.	ଧନ୍ୟବାଦ, ମୁଁ ବହୁତ ତୃପ୍ତ ହୋଇଗଲିଣି ।	Dhanyabād, muã bahut trupta hoigaliṇi.
32. Please give me the bill.	ବିଲ୍ ଆଣନ୍ତୁ ।	Bil āṇantu.
33. Is the service charge included?	କ'ଣ ଏଥିରେ ସେବା-କର ଲଗାଯାଇଛି ?	Kaṇ ethire sebā-kara lagājāichhi?
34. No sir, that is extra.	ନା ମହାଶୟ, ତାହା ଅଲଗା ଅଛି ।	Nā mahāsaya, tāhā alagā achhi.
35. Please help me to wash my hands.	ମୋତେ ହାତ ଧୋଇବାରେ ସାହାଯ୍ୟ କରନ୍ତୁ ।	Mote hāta dhoibāre sāhājya karantu.

35TH STEP ୩୫ତମ ସୋପାନ

HOTEL & RESTAURANT
ହୋଟେଲ ଏବଂ ରେଷ୍ଟୁରାଣ୍ଟ

1. Which is the best hotel in this city?	କେଉଁଟି ଏହି ସହରର ସବୁଠୁ ଭଲ ହୋଟେଲ ?	Keuãti ehi saharara sabuthu bhala hotel?
2. I need a single bedroom with attached bath.	ମୋତେ ଗାଧୁଆ ଘର ଥିବା ଗୋଟିଏ ବେଡ୍ ବିଶିଷ୍ଟ କୋଠରି ଦରକାର ।	Mote gādhuā ghara thibā gotie bed biśiṣta kothari darakār.
3. Will this room suit you?	ଏହି କୋଠରି କ'ଣ ଆପଣଙ୍କର ପସନ୍ଦ ?	Ehi kothari kaṇ āpaṇankara pasand?
4. How much does this room cost per day?	ଏହି କୋଠରିର ଗୋଟିଏ ଦିନର ଭଡ଼ା କେତେ ?	Ehi kotharira gotie dinara bhaḍā kete?
5. I shall stay for two weeks.	ମୁଁ ଦୁଇ ସପ୍ତାହ ପର୍ଯ୍ୟନ୍ତ ରହିବି ।	Muã dui saptāh paryanta rahibi.
6. The charges for the room is thirty rupees per day.	ଏହି କୋଠରିର ଭଡ଼ା ଦିନକୁ ତିରିଶ ଟଙ୍କା ଅଟେ ।	Ehi kotharira bhaḍā dinaku tiriś tankā ate.
7. Can I have a hot water bath?	କ'ଣ ମୁଁ ଗରମ ପାଣିରେ ଗାଧୋଇ ପାରିବି ?	Kaṇ muã garam pāṇi re gādhoi pāribi?
8. Send the room boy to me.	ସେବକଙ୍କୁ ମୋ କୋଠରିକୁ ପଠାନ୍ତୁ ।	Sebakaku mo kothariku pathāntu.
9. Is there any letter for me?	କ'ଣ ମୋ ପାଇଁ କୌଣସି ଚିଠି ଅଛି ?	Kaṇ mo pāiã kauṇasi chithi achhi?
10. I want another blanket.	ମୋତେ ଅନ୍ୟଏକ କମ୍ବଳ ଦରକାର ।	Mote anyaeka kambal darakār.
11. Change the sheets.	ଚଦର ବଦଳାଇ ଦିଅନ୍ତୁ ।	Chadar badlāi diantu.
12. I want one more pillow.	ମୋତେ ଆଉ ଗୋଟିଏ ତକିଆ ଦରକାର ।	Mote āu gotie takiā darakār.
13. Is there any phone for me?	କ'ଣ ମୋ ପାଇଁ କୌଣସି ଫୋନ୍ ଅଛି ?	Kaṇ mo pāiã kaunasi phon achhi?

14. Please have the room swept.	ଦୟାକରି କୋଠରି ସଫା କରାଇ ଦିଅନ୍ତୁ ।	Dayākari kothari safā karāi diantu.
15. Please bring some postage stamps from the post office.	ଦୟାକରି ଡାକଘରୁ କିଛି ଡାକ ଟିକଟ ମଗାଇ ଦିଅନ୍ତୁ ।	Dayākari ḍākagharu kichhi ḍāka ṭikaṭ magāi diantu.
16. Bring some fruits for me.	ମୋ ପାଇଁ କିଛି ଫଳ ନେଇ ଆସିବେ ।	Mo pāin kichhi phala nei āsibe.
17. Please give me lunch at 1P.M. and dinner at 9 P.M.	ଦୟାକରି ଦ୍ୱିପ୍ରହରର ଭୋଜନ ଗୋଟାଏ ବେଳେ ଏବଂ ରାତିର ଭୋଜନ ନଅଟାରେ ଦିଅନ୍ତୁ ।	Dayākari dwiprahara ra bhojan goṭāe bele ebam ratira bhojana naṭāre diantu.
18. What are the charges for lunch and dinner?	ଦ୍ୱିପ୍ରହର ଏବଂ ରାତିର ଭୋଜନ ପାଇଁ କେତେ ଟଙ୍କା ଲାଗିବ ?	Dwiprahara ebam rātira bhojana pāin kete ṭankā lāgiba?
19. We charge seven rupees for each meal.	ଆମେ ପ୍ରତ୍ୟେକ ମିଲ୍ ପାଇଁ ସାତ ଟଙ୍କା ନେଉ ।	āme pratyeka mil pāin sāta ṭankā neu.
20. Have you a swimming pool?	କ'ଣ ଏଠାରେ ପହଁରିବା ପାଇଁ ପୋଖରୀ ଅଛି ?	Kaṇ ethāre pahãribā pāin pokharī achhi?
21. Is there an extra charge for swimming?	କ'ଣ ପହଁରିବା ପାଇଁ ଅଲଗା ପଇସା ନିଅନ୍ତି ?	Kaṇ pahanribā pāin alagā paisa nianti?
22. Is the hotel open for twenty four hours?	ହୋଟେଲ କ'ଣ ଚବିଶ ଘଣ୍ଟା ଖୋଲା ରହେ ?	Hoṭel kaṇ chabiś ghanṭā kholā rahe?
23. I shall leave early tomorrow.	ମୁଁ କାଲି ସକାଳୁ ଶୀଘ୍ର ଚାଲିଯିବି ।	Muã kāli sakālu śīghra chālijibi.
24. Bring the bill.	ବିଲ୍ ଆଣନ୍ତୁ ।	Bil āṇantu.
25. There is a mistake in the bill.	ଏହି ବିଲ୍ ଭୁଲ୍ ଅଛି ।	Ehi bil bhul achhi.
26. I never ordered the wine.	ମୁଁ କେବେ ମଦ ମଗାଇ ନାହିଁ ।	Muã kebe mada magāi nāhin.
27. You have included wine in the bill wrongly.	ଆପଣ ବିଲ୍‌ରେ ଭୁଲ୍ ବଶତଃ ମଦର ପଇସା ଲେଖିଛନ୍ତି ।	āpaṇa bil re bhul basath madara paisā lekhichhanti.
28. Call the porter.	କୁଲିକୁ ଡାକନ୍ତୁ ।	Kuliku ḍākantu.

29. Do you accept cheques?	କ'ଣ ଆପଣ ଚେକ୍ ନେଉଛନ୍ତି ?	Kaṇ āpaṇa chek neuchhanti?
30. No, we accept only cash.	ନା, ଆମେ କେବଳ ନଗଦ ଟଙ୍କା ନେଉ ।	Nā, āme kebala nagad ṭankā neu.
31. Please get me a taxi.	ଦୟାକରି ମୋ ପାଇଁ ଟାକ୍ସି ମଗାନ୍ତୁ ।	Dayākari mo pāiã ṭāxi magāntu.
32. Please ring to the airport to know the time of the Delhi flight.	ଦୟାକରି ଏୟାରପୋର୍ଟକୁ ଫୋନ୍ କରି ଦିଲ୍ଲୀ ଯାଉଥିବା ଫ୍ଲାଇଟ୍‌ର ସମୟ ପଚାରନ୍ତୁ ।	Dayākari eyārporṭku phon kari dillī jāuthibā flaiṭ ra samaya pachārantu.
33. I shall come again next month.	ମୁଁ ଆଗାମୀ ମାସରେ ପୁଣି ଆସିବି ।	Muã āgāmī māsare puṇi āsibi.
34. Thanks for the excellent services provided by you.	ଉତ୍ତମ ସେବା ପାଇଁ ଆପଣଙ୍କୁ ଧନ୍ୟବାଦ ।	Uttama sebā pāiã āpaṇanku dhanyavād.
35. You are welcome, sir.	ଆପଣଙ୍କୁ ସ୍ୱାଗତ, ମହାଶୟ ।	āpaṇanku swāgat, mhāśaya!

36TH STEP ୩୬ତମ ସୋପାନ

POST OFFICE/ TELEPHONE/BANK
ଡାକଘର/ଟେଲିଫୋନ୍/ବ୍ୟାଙ୍କ

Post Office ଡାକଘର

1. Where can I find a post office?	ଡାକଘର କେଉଁଠି ଅଛି ?	ḍāka ghara keuṭhi achhi?
2. Please weigh this parcel.	ଦୟାକରି ଏହି ପାର୍ସଲ୍‌କୁ ଓଜନ କରନ୍ତୁ ।	Dayākari ehi pārsalku ojana karantu.
3. I want to send some money by money order.	ମୁଁ ମନିଅର୍ଡର ଦ୍ୱାରା କିଛି ପଇସା ପଠାଇବାକୁ ଚାହୁଁଛି ।	Muã maniarḍar dwārā kichhi paisā paṭhāibāku chāhuchhi.

4.	I want to deposit Rs. two hundred only.	ମୁଁ କେବଳ ଦୁଇଶହ ଟଙ୍କା ଜମା କରିବାକୁ ଚାହୁଁଛି ।	Mu kebala duiśaha ṭankā jamā karibaku chāhuchhi.
5.	I want to draw out Rs. three hundred only.	ମୁଁ କେବଳ ତିନିଶହ ଟଙ୍କା ଉଠାଇବାକୁ ଚାହୁଁଛି ।	Mu kebala tiniśaha ṭankā uthāibāku chāhuchhi.
6.	Please give me an Inland Letter.	ଦୟାକରି ମୋତେ ଗୋଟିଏ ଅନ୍ତର୍ଦ୍ଦେଶୀୟ ପତ୍ର ଦିଅନ୍ତୁ ।	Dayākari mote goṭie antardeśiy patra diantu.
7.	How much does an envelope cost?	ଗୋଟିଏ ଲଫାପାର ମୂଲ୍ୟ କେତେ ?	Goṭie lafāpā ra mūlya kete?
8.	I want to send it by registered post.	ମୁଁ ଏହାକୁ ରେଜିଷ୍ଟର୍ଡ ଡାକ ଦ୍ୱାରା ପଠାଇବାକୁ ଚାହୁଁଛି ।	Mu ehāku rejiṣṭerd ḍāka dwārā paṭhāibāku chāhuchhi.
9.	How much should I give for a post card?	ମୁଁ ଗୋଟିଏ ପୋଷ୍ଟକାର୍ଡ ପାଇଁ କେତେ ପଇସା ଦେବି ?	Mu goṭie posṭkārd pāin kete paisā debi?
10.	Please give me a one rupee postal stamp.	ଦୟାକରି ମୋତେ ଗୋଟିଏ ଟଙ୍କାର ଡାକ-ଟିକଟ ଦିଅନ୍ତୁ ।	Dayākari mote goṭie ṭankāra ḍāka-ṭikata diantu.
11.	I want to send a telegram.	ମୁଁ ଗୋଟିଏ ଟେଲିଗ୍ରାମ୍ ଦେବାକୁ ଚାହୁଁଛି ।	Mu goṭie ṭeligrām debāku chāhuchhi.
12.	I want to send some money telegraphically.	ମୁଁ ତାରବାର୍ତ୍ତା ଦ୍ୱାରା ପଇସା ପଠାଇବାକୁ ଚାହୁଁଛି ।	Mu tārabārttā dwārā paisā paṭhāibāku chāhuchhi.
13.	Please give me an aerogram for France.	ଦୟାକରି ମୋତେ ଫ୍ରାନ୍ସ ପାଇଁ ଡାକ-ପତ୍ର ଦିଅନ୍ତୁ ।	Dayākari mote Frāns pāin ḍāka-patra diantu.
14.	Please give me the telephone directory.	ଦୟାକରି ମୋତେ ଟେଲିଫୋନ ଡିରେକ୍ଟୋରୀ ଦିଅନ୍ତୁ ।	Dayākari mote ṭelephon direkṭorī diantu.

Telephone ଟେଲିଫୋନ୍ (ଦୂରଭାଷ)

15.	Where can I give a call?	ମୁଁ କେଉଁଠୁ ଟେଲିଫୋନ୍ କରିପାରିବି ?	Mu keuṭhu ṭelefon karipāribi?
16.	This telephone is out of order.	ଏହି ଟେଲିଫୋନ୍ ଖରାପ ଅଛି ।	Ehi ṭeliphon kharāp achhi.

17. I want to book a trunk call for Bhubaneswar.	ମୁଁ ଭୁବନେଶ୍ୱର ପାଇଁ ଏକ ଟ୍ରଙ୍କ୍ କଲ୍ କରିବାକୁ ଚାହୁଁଛି ।	Muṅ bhubaneśwar pāin eka ṭrank kal karibāku chāhuchhi.
18. Hello, this is Abha here.	ହେଲୋ ! ମୁଁ ଆଭା କହୁଛି ।	Helo! Mu ābhā kahuchhi.
19. May I talk to Minakshi?	ମିନାକ୍ଷୀଙ୍କୁ ଡାକି ଦିଅନ୍ତୁ ।	Minakṣī ku ḍāki diantu.
20. Hello, Minakshi speaking.	ହେଲୋ, ମିନାକ୍ଷୀ କହୁଛି ।	Helo, Minakṣī kahuchhi.
21. Please ring me at 8 o'clock.	ଦୟାକରି ଆଠଟାରେ ଫୋନ୍ କରନ୍ତୁ ।	Dayākari āṭhaṭāre phon karantu.

Bank ବ୍ୟାଙ୍କ୍

22. Where is the Indian Overseas Bank?	ଇଣ୍ଡିଆନ୍ ଓଭରସିଜ୍ ବ୍ୟାଙ୍କ୍ କେଉଁଠି ଅଛି ?	Indian Ovarsiz Bānk keuṭhi achhi?
23. Can I meet the manager?	କଣ ମୁଁ ମେନେଜରଙ୍କୁ ସାକ୍ଷାତ କରିପାରିବି ?	Kaṇ mu menejarnku sakṣāt kariparibi?
24. I want to open a savings bank account.	ମୁଁ ଏକ ସଞ୍ଚୟ ଖାତା ଖୋଲିବାକୁ ଚାହୁଁଛି ।	Mu eka sanchaya khātākholibākuchāhuchhi.
25. Please open a current account in the name of my firm.	ଦୟାକରି ମୋ ଫାର୍ମ ନାମରେ ଏକ ଚାଲୁ ଖାତା ଖୋଲନ୍ତୁ ।	Dayākari mo fārm nāmare eka chālu khātā kholantu.
26. I want to deposit money.	ମୁଁ ପଇସା ଜମା କରିବାକୁ ଚାହୁଁଛି ।	Mu paisā jamā karibāku chāhuchhi.
27. I want to draw out money.	ମୁଁ ପଇସା ଉଠାଇବାକୁ ଚାହୁଁଛି ।	Mu paisā uṭhāibāku chāhuchhi.
28. Please give me an open cheque.	ଦୟାକରି ଏକ ଖୋଲା ଚେକ୍ ଦିଅନ୍ତୁ ।	Dayākari eka kholā chek diantu.
29. Please issue me a cheque book containing ten cheques.	ଦୟାକରି ମତେ ଦଶଟି ଚେକ୍ ଥିବା ଏକ ଚେକ୍ ବହି ଜାରୀ କରନ୍ତୁ ।	Dayākari mote daśti chek thibā eka chek-bahi jārī karantu.
30. Please tell me the balance of my account.	ଦୟାକରି ମୋ ଖାତାର ଜମା ରାଶି କୁହନ୍ତୁ ।	Dayākari mo khātāra jamā rāśi kuhantu.
31. Please complete my pass book.	ଦୟାକରି ମୋ ପାସବୁକ୍ ସମ୍ପୂର୍ଣ୍ଣ କରି ଦିଅନ୍ତୁ ।	Dayākari mo pāsbuk sampurna karidiantu.
32. I want a loan for buying a colour television.	ମୋତେ ଗୋଟିଏ ରଙ୍ଗିନ୍ ଟେଲିଭିଜନ କିଣିବା ପାଇଁ ଋଣ ଦରକାର ।	Mote gotie rangin ṭelivizan kiṇibā pāin ruṇa darakār.

33. I want to meet the agent.	ମୁଁ ଏଜେଣ୍ଟକୁ ସାକ୍ଷାତ କରିବାକୁ ଚାହୁଁଛି ।	Mu ejent ku sākṣāt karibāku chāhuchhi.
34. Have any of my cheques been dishonoured?	କ'ଣ ମୋର କୌଣସି ଚେକ୍ ଫେରିଛି ?	Kan mora kauṇasi chek ferichhi?
35. This bank's service is very good.	ଏହି ବ୍ୟାଙ୍କ୍‌ର ସେବା ବହୁତ ଭଲ ଅଟେ ।	Ehi bānk ra sebā bahut bhala aṭe.

37TH STEP ୩୭ତମ ସୋପାନ

WHILE TRAVELLING
ଯାତ୍ରା କରିବା ସମୟରେ

1. I am going out for a ride.	ମୁଁ ଘୋଡ଼ା ସବାରୀ କରିବାକୁ ଯାଉଛି ।	Mu ghoḍā sabāri karibāku jāuchhi.
2. Where is the stable?	ଘୋଡ଼ାଶାଳ କେଉଁଠି ଅଛି ?	Ghoḍāśāla keuṭhi achhi?
3. I want to dismount for a while.	ମୁଁ କିଛି ସମୟ ପାଇଁ ଓହ୍ଲାଇବି ।	Mu kichhi samaya pāin olhāibi.
4. Don't whip him.	ତାକୁ ଚାବୁକ୍ ମାରନାହିଁ ।	Tāku chābuk māranāhin.
5. Give him some grass.	ତାକୁ କିଛି ଘାସ ଦିଅ ।	Tāku kichhi ghāsa dia.
6. Take off the spurs.	କଣ୍ଟା ବାହାର କର ।	Kanṭā bāhār kara.
7. I wish to go by car.	ମୁଁ କାର୍‌ରେ ଯିବାକୁ ଚାହୁଁଛି ।	Mu kār re jibāku chāhuchhi.
8. Its wheel is not good.	ଏହାର ଚକା ଠିକ୍ ନାହିଁ ।	Ehāra chakā ṭhik nāhin.
9. Where does this road lead to?	ଏହି ରାସ୍ତା କେଉଁ ଆଡ଼କୁ ଯାଇଛି ?	Ehi rāstā keun āḍaku jāichhi.
10. Leave the car here.	ଗାଡ଼ି ଏଠାରେ ରଖ ।	Gāḍi eṭhāre rakha.
11. Parking is prohibited.	ବାହନ ଠିଆ କରିବା ମନା ।	Bāhana ṭhiā karibā manā.
12. Does this tramway pass near the railway station?	କ'ଣ ଏହି ଟ୍ରାମ୍‌ପଥ ରେଳ ଷ୍ଟେସନ୍ ଦେଇ ଯାଇଛି ?	Kaṇ ehi ṭramgaḍi relapatha relasṭesan dei jaichhi?

	English	Odia	Pronunciation
13.	When will this bus start?	ଏହି ବସ୍ କେବେ ଚାଲିବ ?	Ehi bas kebe chāliba?
14.	Let me know when we shall reach Kashmir.	ମତେ କୁହନ୍ତୁ, ଆମେ କାଶ୍ମୀର କେବେ ପହଞ୍ଚିବା ।	Mate kuhantu, āme Kāśmir kebe pahanchibā.
15.	I wish to roam by shikara.	ମୁଁ ଶିକାରାରେ ବୁଲିବାକୁ ଚାହୁଁଛି ।	Mu śikārāre bulibāku chāhuchhi.
16.	Where is the booking office?	ଟିକଟ କାଉଣ୍ଟର କେଉଁଠି ଅଛି ?	ṭikaṭ kāunṭar keuṭhi achhi?
17.	Is there anything worth seeing?	କ'ଣ ସେଠାରେ କୌଣସି ଦର୍ଶନୀୟ ସ୍ଥାନ ଅଛି ?	Kaṇ seṭhāre kauṇasi darśaniy sthān achhi?
18.	Kindly move a little.	ଦୟାକରି ଟିକିଏ ଘୁଞ୍ଚି ଯାଆନ୍ତୁ ।	Dayākari ṭikie ghunchi jāntu.
19.	I am going to Bombay today.	ଆଜି ମୁଁ ବମ୍ବେ ଯାଉଛି ।	āji mu Bambay jāuchhi.
20.	When does the next train start?	ଆଗାମୀ ଗାଡ଼ି କେତେଟାରେ ବାହାରେ ?	āgāmi gāḍi keteṭāre bāhāre?
21.	Where is the luggage booking office?	ଜିନିଷ ବୁକ୍ କରିବାର ଅଫିସ୍ କେଉଁଠି ଅଛି ?	Jiniṣa buk karibāra afis keuṭhi achhi?
22.	How much is to be paid for luggage?	ଜିନିଷ ପାଇଁ କେତେ ଟଙ୍କା ଦେବାକୁ ହେବ ?	Jiniṣa pāin kete ṭankā debāku heba?
23.	Get my seat reserved.	ମୋ ସ୍ଥାନ ସଂରକ୍ଷିତ କରି ଦିଅନ୍ତୁ ।	Mo sthāna sanrakṣit karidiantu.
24.	Where is the platform No. 6?	ପ୍ଲାଟ୍‌ଫର୍ମ ନଂ. 6 କେଉଁଠି ଅଛି ?	Plaṭfarm no. 6 keuṭhi achhi?
25.	Over the bridge.	ପୋଲର ସେପାଖେ ।	Polara sepākhe.
26.	Please go by the underground passage.	ଭୂତଳ ରାସ୍ତାରେ ଯାଆନ୍ତୁ ।	Bhūtala rāstāre jāntu.
27.	There is a dining car in the train.	ଗାଡ଼ିରେ ଖାଦ୍ୟର ଡବା ରହିଛି ।	Gaḍire khādyara ḍabā rahichhi.
28.	There is no seat available.	କୌଣସି ସିଟ୍ ଖାଲି ନାହିଁ ।	Kauṇasi siṭ khāli nāhin.
29.	The bus is very crowded.	ବସ୍‌ରେ ବହୁତ ଭିଡ଼ ଅଛି ।	Basre bahut bhiḍa achhi.
30.	Do not get down from the moving bus.	ଚାଲୁଥିବା ବସ୍‌ରୁ ଓହ୍ଲାନ୍ତୁ ନାହିଁ ।	Chāluthibā busru olhāa nāhin.

31. Our bus is in motion.	ଆମ ବସ୍ ଚାଲୁଛି ।	āma bas chāluchhi.
32. How much fare do you charge for a child?	ଗୋଟିଏ ଶିଶୁ ପାଇଁ ଭଡ଼ା କେତେ ନେଉଛନ୍ତି ?	Goṭie śiśu pāin bhaḍā kete neuchhanti?
33. Take me to the aerodrome.	ମୋତେ ବିମାନ ବନ୍ଦର ପାଖକୁ ନେଇଚାଲନ୍ତୁ ।	Mote bimāna bandar pākhaku neichālantu.
34. Please issue me a return ticket for Singapore.	ଦୟାକରି ମତେ ସିଙ୍ଗାପୁର ଯିବା ଏବଂ ଆସିବାର ଟିକଟ ଦିଅନ୍ତୁ ।	Dayākari mate singāpur jibā ebam asibāra ṭikaṭ diantu.
35. Our plane reached Singapore in time.	ଆମ ଜାହାଜ ଠିକ୍ ସମୟରେ ସିଙ୍ଗାପୁର ପହଞ୍ଚିଗଲା ।	āma jāhāja ṭhik samayare Singāpur pahanchigalā.

38TH STEP ୩୮ତମ ସୋପାନ

HEALTH & HYGIENE

ସ୍ୱାସ୍ଥ୍ୟ ଏବଂ ସ୍ୱାସ୍ଥ୍ୟ ରକ୍ଷା

1. Health is wealth.	ସ୍ୱାସ୍ଥ୍ୟ ହିଁ ସମ୍ପଦ ।	Swāsthya hin sampad.
2. Prevention is better than cure.	ନିବାରଣ ଠାରୁ ନିରାକରଣ ଭଲ ।	Nibāraṇa ṭhāru nirākaraṇa bhala.
3. She is very tired.	ସେ ବହୁତ ଥକି ଯାଇଛି ।	Se bahut thaki jāichhi.
4. My health has broken down.	ମୋ ସ୍ୱାସ୍ଥ୍ୟ ଝଡ଼ିଯାଇଛି ।	Mo swāsthya jhaḍijāichhi.
5. He has recovered.	ସେ ସୁସ୍ଥ ହୋଇଯାଇଛି ।	Se sustha hoijāichhi.
6. I am feeling sleepy.	ମତେ ନିଦ ଲାଗୁଛି ।	Mate nida lāguchhi.
7. We should not sleep during the day.	ଆମେ ଦିନରେ ଶୋଇବା ଉଚିତ ନୁହେଁ ।	Ame dinare śoibā uchit nuhen.
8. Will you come for a walk?	ଆପଣ ଚାଲିବାକୁ ଯିବେ ନା ?	āpaṇa chālibāku jibe nā?

9. He is better than he was yesterday.	ସେ କାଲିଠାରୁ ଆଜି ଭଲ ଅଛି ।	Se kāliṭhāru āji bhala achhi.
10. I am not well today.	ଆଜି ମୋର ସ୍ୱାସ୍ଥ୍ୟ ଠିକ୍ ନାହିଁ ।	āji mora swāsthya ṭhik nāhin.
11. Will you not take the medicine?	କ'ଣ ତୁମେ ଔଷଧ ଖାଇବ ନାହିଁ ?	Kaṇ tume ouṣadha khaiba nahin.
12. How is your father?	ଆପଣଙ୍କ ବାପା କେମିତି ଅଛନ୍ତି ?	āpaṇanka bāpā kemiti achhanti.

Doctor & Patient **ଡାକ୍ତର ଏବଂ ରୋଗୀ**

13. Let me feel your pulse.	ମୋତେ ତୁମର ନାଡ଼ି ଦେଖିବାକୁ ଦିଅ ।	Mote tumara naḍi dekhibāku dia.
14. I am feeling out of sorts today.	ମୋ ସ୍ୱାସ୍ଥ୍ୟ ଖରାପ ଅଛି ।	Mo swāsthya kharāp achhi.
15. The patient is sinking.	ରୋଗୀର ମନବଳ ହ୍ରାସ ପାଉଛି ।	Rogira manabala hrāsa pāuchhi.
16. I suffer from indigestion.	ମୋର ବଦହଜମୀ ହୋଇଛି ।	Mora badahajamī hoichhi.
17. She feels nausea.	ତା'ର ଦେହ ବୁଲଉଛି ।	Tāra deha bulauchhi.
18. Do you feel dizzy?	କ'ଣ ତୁମ ମୁଣ୍ଡ ଘୂରଉଛି ?	Kaṇ tuma muṇḍa ghūrauchhi?
19. She is out of danger now.	ତା ଉପରେ ଆଉ କୌଣସି ବିପଦ ନାହିଁ ।	Tā upare āu kauṇasi bipada nāhin.
20. The child is cutting the teeth.	ଶିଶୁର ଦାନ୍ତ ଉଠୁଛି ।	śiśura dānta uṭhuchhi.
21. How many doses have you taken?	ତୁମେ କେତେ ପାନ ଔଷଧ ଖାଇଛ ?	Tume kete pāna ouṣadha khāichha?
22. I suffer from severe constipation.	ମୋର କୋଷ୍ଠକାଠିନ୍ୟ ହୋଇଛି ।	Mora koṣṭhakāṭhinya hoichhi.
23. You had a chronic fever.	ମୋର ଭିତିରିଆ ଜ୍ୱର ଥିଲା ।	Mora bhitiriā jwara thilā.
24. I have a sore throat.	ମୋର ଗଳା ଖରାପ ଅଛି ।	Mora galā kharāp achhi.
25. Had she a headache?	କ'ଣ ତାର ମୁଣ୍ଡବ୍ୟଥା ଥିଲା ?	Kaṇ tāra muṇḍabyathā thilā?

26. She has pain in her stomach.	ତା ପେଟ ବିନ୍ଧୁଛି ।	Tā peṭa bindhuchhi.
27. Is he suffering from cold?	ତାକୁ ସର୍ଦ୍ଦି ହୋଇଛି କି ?	Tāku sardi hoichhi ki?
28. Show me your tongue.	ମୋତେ ତୁମ ଜିଭ ଦେଖାଅ ।	Mote tuma jibha dekhāa.
29. She has lost her appetite.	ତା ଭୋକ ମରିଯାଇଛି ।	Ta bhoka marijāichhi.
30. I have got a boil.	ମୋର ବଥ ହୋଇଛି ।	Mora batha hoichhi.
31. Her gums are bleeding.	ତା ମାଢ଼ିରୁ ରକ୍ତ ବାହାରେ ।	Ta māḍhiru rakta bāhāre.
32. Send for a doctor.	ଡାକ୍ତରଙ୍କୁ ଡାକ ।	ḍāktarnku ḍāka.
33. She has pain in the liver.	ତା ଯକୃତ ପୀଡ଼ା ହେଉଛି ।	Tā jakrut pīḍā heuchhi.
34. You shall have some motions.	ତୁମର କିଛି ଝାଡ଼ା ହେବ ।	Tumara kichhi jhāḍā heba.
35. The physician will call the next morning.	ଡାକ୍ତର ପରଦିନ ସକାଳେ ଆସିବେ ।	ḍāktara paradina sakāle āsibe.

39TH STEP ୩୯ତମ ସୋପାନ

WEATHER
ପାଣିପାଗ

1. It is spring.	ବସନ୍ତ ଋତୁ ହୋଇଛି ।	Basant rutu hoichhi.
2. It is summer.	ଗ୍ରୀଷ୍ମ ଋତୁ ହୋଇଛି ।	Grīṣma rutu hoichhi.
3. It is autumn.	ଶରତ ଋତୁ ହୋଇଛି ।	śarata rutu hoichhi.
4. It is winter.	ଶୀତ ଋତୁ ହୋଇଛି ।	śīta rutu hoichhi.
5. It very hot today.	ଆଜି ବହୁତ ଗରମ ହେଉଛି ।	āji bahut garam heuchhi.
6. It is a very cold day.	ବହୁତ ଥଣ୍ଡା ଲାଗୁଛି ।	Bahut thanḍā lāguchhi.
7. This is fine weather.	ପାଗ ଭଲ ଅଛି ।	Pāga bhala achhi.

8. What a wretched day!	ଆଜି କେତେ ଖରାପ ଦିନ ଅଟେ !	āji kete kharāp dina aṭe.
9. It is raining.	ବର୍ଷା ହେଉଛି ।	Varṣā heuchhi.
10. It is drizzling.	ଝିପ୍‌ଝିପ୍ ହେଉଛି ।	Jhip jhip heuchhi.
11. Has the moon risen?	ଜହ୍ନ ଉଇଁଛି କି ?	Janha uinichhi ki?
12. It has stopped raining.	ବର୍ଷା ବନ୍ଦ ହୋଇଯାଇଛି ।	Varṣā band hoi jāichhi.
13. She will catch cold.	ତାଙ୍କୁ ସର୍ଦ୍ଦି ହୋଇଯିବ ।	Tāku sardi hoijiba.
14. Is it still raining?	ଏ ପର୍ଯ୍ୟନ୍ତ ବର୍ଷା ହେଉଛି କି ?	E parjyanta barṣā heuchhi ki?
15. In the rainy season, we wear a raincoat.	ବର୍ଷା ପାଗରେ ଆମେ ବରସାତୀ ପିନ୍ଧୁ ।	Barṣā pāgare āme barsātī pindhu.
16. I am shivering.	ମୁଁ ଥରୁଛି ।	Muṅ tharuchhi.
17. I am perspiring.	ମୋର ଝାଳ ବାହାରୁଛି ।	Mora jhāla bāhāruchhi.
18. I am drenched.	ମୁଁ ଓଦା ହୋଇଯାଇଛି ।	Mu odā hoijāichhi.
19. Cool air is blowing.	ଶୀତଳ ପବନ ବହୁଛି ।	śītal paban bahuchhi.
20. What a strong wind!	କେତେ ଜୋର୍ ପବନ ହେଉଛି !	Kete jor pabana heuchhi!
21. The weather is changing.	ପାଣିପାଗ ବଦଳୁଛି ।	Pāṇipāga badaluchhi.
22. The sky is cloudy.	ଆକାଶକୁ ବାଦଲ ଢାଙ୍କି ରଖିଛି ।	ākāśaku bādala dhānki rakhichhi.
23. The sky is clear.	ଆକାଶ ସଫା ଅଛି ।	ākāś safā achhi.
24. There is lightning.	ବିଜୁଳି ମାରୁଛି ।	Bijuli māruchhi.
25. It thunders.	ଘଡ଼ଘଡ଼ି ମାରୁଛି ।	Ghaḍaghaḍi māruchhi.
26. The sun is invisible.	ସୂର୍ଯ୍ୟ ଦେଖା ଯାଉନାହିଁ ।	Surjya dekhā jāunāhin.
27. It is like a spring day.	ବସନ୍ତ ଋତୁ ଭଳି ଲାଗୁଛି ।	Basant rutu bhali lāguchhi.
28. The heat is unbearable.	ଅସହନୀୟ ଗରମ ହେଉଛି ।	Asahanīya garam heuchhi.

29. It is later part of the night.	ଅଧରାତି ପରର ସମୟ ।	adharāti parara samaya.
30. How beautiful the rainbow is!	କେତେ ସୁନ୍ଦର ଇନ୍ଦ୍ରଧନୁ !	Kete sundar indradhanu!
31. It is raining heavily.	ମୂଷଳାଧାର ବର୍ଷା ହେଉଛି ।	Mūsaḷādhāra barṣā heuchhi.
32. It is hailing badly.	ଅଧିକ ମାତ୍ରାରେ କୁଆପଥର ପଡୁଛି ।	Adhika mātrāre kuāpathara paduchhi.
33. Would you like an umbrella?	କ'ଣ ଆପଣ ଛତା ନେବେ ?	Kaṇ āpaṇa chhatā nebe?
34. How fine the climate is!	ଜଳବାୟୁ କେତେ ଭଲ ଅଛି !	Jaḷabāyu kete bhala achhi!

40TH STEP ୪୦ତମ ସୋପାନ

TIME
ସମୟ

1.	Look at the watch.	ଘଣ୍ଟା ଦେଖ ।	Ghanṭā dekha.
2.	What is the time?	କେତେ ବାଜିଛି ?	Kete bājichhi?
3.	What is the time by your watch?	ଆପଣଙ୍କ ଘଣ୍ଟାରେ କେତେ ବାଜିଛି ?	āpaṇanka ghanṭāre kete bājichhi?
4.	What o'clock is it?	କେତେଟା ବାଜିଛି ?	Keteṭa bajichhi?
5.	It is exactly 7-o'clock.	ଠିକ୍ ସାତଟା ବାଜିଛି ।	ṭhik sātaṭā bājichhi.
6.	It is half past nine.	ସାଢ଼େ ନଅ ବାଜିଛି ।	Sāḍhe na bājichhi.
7.	It is a quarter past three.	୩:୧୫ ବାଜିଛି ।	3:15 bājichhi.
8.	It is a quarter to four.	ଚାରିଟା ବାଜିବାକୁ ୧୫ ମିନିଟ୍ ଅଛି ।	Chāriṭā bājibāku 15 miniṭ achhi.
9.	It is five minutes past five.	ପାଞ୍ଚଟା ବାଜି ପାଞ୍ଚ ମିନିଟ୍ ହୋଇଛି ।	Pānchaṭā bāji pānch miniṭ hoichhi.

10. It is ten minutes to six.	ଛଅଟା ବାଜିବାକୁ ଦଶ ମିନିଟ୍ ଅଛି ।	Chhaṭā bājibāku daś miniṭ achhi.
11. It is already half past four.	ସାଢ଼େ ଚାରି ବାଜି ସାରିଛି ।	Sāḍhe chāri bāji sārichhi.
12. She will reach at one fifteen.	ସେ ୧:୧୫ ରେ ପହଞ୍ଚିବେ ।	Se 1:15 re pahanchibe.
13. We reached the office at twenty-five minutes past ten.	ଆମେ ଦଶଟା ପଚିଶ ମିନିଟ୍‌ରେ ଅଫିସ୍ ପହଞ୍ଚିଲୁ ।	āme daśaṭā pachiś miniṭre afis pahanchilu.
14. The bank was looted in broad daylight.	ଦିନ ଦ୍ୱିପହରେ ବ୍ୟାଙ୍କ୍ ଲୁଟି ନିଆଗଲା ।	Dina dwipahare bānk luṭi niāgalā.
15. The market is closed on Monday.	ସୋମବାର ଦିନ ବଜାର ବନ୍ଦ ରୁହେ ।	Somabār dina bazār band ruhe.
16. We take lunch at half past one.	ଆମେ ଦେଢ଼ଟାରେ ଦିପହର ଭୋଜନ କରୁ ।	āme deḍhaṭāre dipahar bhojan karu.
17. This shop reopens at half past two.	ଏହି ଦୋକାନ ଅଢ଼େଇଟାରେ ପୁଣି ଖୋଲେ ।	Ehi dokān aḍheiṭāre puṇi khole.
18. It is ten A.M.	ସକାଳ ଦଶଟା ବାଜିଛି ।	Sakāḷa daśaṭā bājichhi.
19. We leave the office exactly at five P.M.	ଆମକୁ ଅଫିସ୍‌ରୁ ଠିକ୍ ପାଞ୍ଚଟାରେ ଛୁଟି ମିଳେ ।	āmaku afisru ṭhik pānchaṭāre chhuṭi miḷe.
20. Is your wrist watch slow?	କ'ଣ ତୁମ ହାତଘଣ୍ଟା ପଛୁଆ ଅଛି ?	Kaṇ tuma hātaghanṭā pachhuā achhi?
21. Is this time-piece fast?	କ'ଣ ଏହି ଟେବୁଲ୍ ଘଣ୍ଟା ଆଗୁଆ ଅଛି ?	Kaṇ ehi ṭebul ghanṭā āguā achhi?
22. Is the office-clock not exact?	କ'ଣ ଅଫିସ୍‌ର କାନ୍ଥଘଣ୍ଟା ଠିକ୍ ନାହିଁ ?	Kaṇ afisra kānthaghanṭā ṭhik nāhin?
23. My pen watch has stopped.	ମୋର ପେନ୍ ଘଣ୍ଟା ବନ୍ଦ ହୋଇଯାଇଛି ।	Mora pen-ghanṭā band hoijāichhi.

24. It is time to rise.	ଉଠିବା ସମୟ ହୋଇଗଲା ।	Uṭhibā samay hoigalā.
25. You are half an hour late.	ଆପଣ ଅଧାଘଣ୍ଟା ଡେରି କରିଛନ୍ତି ।	āpaṇa adha ghanṭā ḍeri karichhanti.
26. She is ten minutes early.	ସେ ଦଶ ମିନିଟ୍ ଆଗରୁ ଆସିଛନ୍ତି ।	Se das miniṭ āgaru āsichhanti.
27. It is midnight.	ଅଧରାତି ହୋଇଛି ।	adharāti hoichhi.
28. My mother gets up early in the morning.	ମୋ ମା' ସକାଳୁ ବହୁତ ଶୀଘ୍ର ଉଠନ୍ତି ।	Mo mā sakālu bahut sighra uthanti.
29. Last month, we were not here.	ପୂର୍ବ ମାସରେ ଆମେ ଏଠାରେ ନଥିଲୁ ।	Purba māsare āme eṭhāre nathilu.
30. We shall remain here this month.	ଏହି ମାସରେ ଆମେ ଏଠାରେ ରହିବୁ ।	Ehi māsare āme eṭhāre rahibu.
31. I shall go to Simla next month.	ମୁଁ ଆସନ୍ତା ମାସରେ ଶିମଲା ଯିବି ।	Mu āsantā māsare Simlājibi.
32. We have been in trouble since 15th August.	ଆମେ 15 ଅଗଷ୍ଟରୁ ବିପଦରେ ଅଛୁ ।	āme 15 Agasṭ ru bipadare achhu.
33. What is the date today?	ଆଜି କେତେ ତାରିଖ ?	āji kete tārikha?
34. Why did you come yesterday?	ଗତକାଲି ତୁମେ କାହିଁକି ଆସିଥିଲ ?	Gatakāli tume kāhniki āsithila?
35. Come tomorrow at 7 o'clock.	କାଲି ସାତଟାରେ ଆସ ।	Kāli sātaṭāre āsa.

PART 5 : CONVERSATION

41ST STEP ୪୧ତମ ସୋପାନ

LET US TALK
ଆସନ୍ତୁ, ବାର୍ତ୍ତାଳାପ କରିବା

INTRODUCTION	ପରିଚୟ	
How do you do?	ଆପଣ କେମିତି ଅଛନ୍ତି ?	āpaṇa kemiti achhanti.
Tell me, please, are you a student?	ଦୟାକରି କୁହନ୍ତୁ, ଆପଣ ଜଣେ ଛାତ୍ର କି ?	Dayākari kuhantu, āpaṇa jaṇe chhātra ki?
Yes, I am a student.	ହଁ ଆଜ୍ଞା, ମୁଁ ଛାତ୍ର ଅଟେ ।	Han āgyā, mu chhātra aṭe.
What is your name?	ଆପଣଙ୍କ ନାମ କଣ ?	āpaṇanka nāma kaṇ?
My name is Pranav Chakaravarti.	ମୋର ନାମ ପ୍ରଣବ ଚକ୍ରବର୍ତ୍ତୀ ଅଟେ ।	Mora nāma Praṇab Chakrabarti aṭe.
Are you an Assamese or a Bengali?	ଆପଣ ଆସାମୀ ନା ବଙ୍ଗାଳୀ ?	āpaṇa āsāmi na bangāli?
No, I am a Marathi.	ନା, ମୁଁ ମରାଠୀ ।	Nā, mu marāṭhi.
Tell me, please, who is she?	କୁହନ୍ତୁ, ସେ କିଏ ?	Kuhantu, se kie?
She is my friend.	ସେ ମୋ ମିତ୍ର ଆଭା ।	Se mo mitra ābhā.
Is she a student?	ସେ ଜଣେ ଛାତ୍ରୀ କି ?	Se jaṇe chhātri ki?
No, she is a translator and works in the Govt. office.	ନା, ସେ ଅନୁବାଦିକା ଅଟେ ଏବଂ ସରକାରୀ କାର୍ଯ୍ୟାଳୟରେ କାମ କରେ ।	Nā, se anubādika aṭe ebam sarakāri kāryālaya re kāma kare.

Thanks, Good-bye.	ଧନ୍ୟବାଦ, ବିଦାୟ !	Dhanyavād, vidāy!

ABOUT LEARING A LANGUAGE ଭାଷା ଶିଖିବା ବାବଦରେ

Hello, do you speak Hindi?	ମହୋଦୟ, କ'ଣ ଆପଣ ହିନ୍ଦୀ କୁହନ୍ତି ?	Mahoday, kaṇ āpaṇa Hindi kuhanti?
Yes, I speak Hindi a little.	ହଁ, ମୁଁ ଟିକେ-ଟିକେ ହିନ୍ଦୀ କୁହେ ।	Han, mu ṭike-ṭike Hindi kuhe.
You speak Hindi well.	ଆପଣ ବହୁତ ଭଲ ହିନ୍ଦୀ କୁହନ୍ତି ।	āpaṇa bahut bhala hindi kuhanti.
What is your caste?	ଆପଣଙ୍କ ଜାତି କ'ଣ ?	āpaṇanka jāti kaṇ?
My caste is Kelkar.	ମୋର ଜାତି ହେଉଛି କେଲକର ।	Mo jāti heuchhi kelkar.
I am Ashok Kelkar.	ମୁଁ ଅଶୋକ କେଲକର ଅଟେ ।	Mu Asok kelkar aṭe.
Do you think so?	ଆପଣ ଏମିତି ଭାବୁଛନ୍ତି ?	āpaṇa emiti bhābuchhanti?
I am studying college.	ମୁଁ କଲେଜରେ ପଢୁଛି ।	Muṅ kalejre paḍhuchhi.
I want to speak Hindi well.	ମୁଁ ଭଲ ଭାବରେ ହିନ୍ଦୀ କହିବାକୁ ଚାହୁଁଛି ।	Muṅ bhala bhābare hindi kahibāku chāhuchhi.
Does your Hindi teacher speak Hindi in class?	କ'ଣ ଆପଣଙ୍କ ହିନ୍ଦୀ ଶିକ୍ଷକ ଶ୍ରେଣୀରେ ହିନ୍ଦୀ କୁହନ୍ତି ?	Kaṇ āpaṇanka hindi siksak srenire hindi kuhanti?
Of course! He speaks Hindi fluently.	ନିଃସନ୍ଦେହ ! ସେ ପ୍ରାଞ୍ଜଳ ଭାବରେ ହିନ୍ଦୀ କୁହନ୍ତି ।	Ni:sandeh! se prānjal bhābare hindi kuhanti.
Do you understand when the teacher speaks Hindi?	ଶିକ୍ଷକ ହିନ୍ଦୀ କହୁଥିବା ବେଳେ ଆପଣମାନେ ତାକୁ ବୁଝନ୍ତି ?	siksak hindi kahuthibā bele āpaṇamāne tāku bujhanti?
Yes, we understand when he speaks fast.	ହଁ, ଯେତେବେଳେ ସେ ଶୀଘ୍ର କୁହନ୍ତି ତେବେ ଆମେ ବୁଝିଯାଉ ।	Han, jetebele se sighra kuhanti tebe āme bujhijāu.
Do you speak Hindi at home?	ଆପଣ କ'ଣ ଘରେ ହିନ୍ଦୀରେ କଥା ହୁଅନ୍ତି ?	āpaṇa kan ghare hindire kathā huanti?
Of course not! My	ନିଃସନ୍ଦେହ ନୁହେଁ ! ମୋ	ni:sandeh nuhen!

family members do not speak Hindi. They speak only Marathi. Therefore, we speak only Marathi at home.	ପରିବାରର ସଦସ୍ୟ ହିନ୍ଦୀରେ କଥା ହୁଅନ୍ତି ନାହିଁ । ସେମାନେ କେବଳ ମରାଠୀରେ କଥା ହୁଅନ୍ତି । ସେଥିପାଇଁ ଆମେସବୁ ଘରେ କେବଳ ମରାଠୀରେ କଥା ହେଉ ।	Mo paribārara sadasya Hindire kathā huanti nāhin. semāne kebal Marāṭhi re kathā huanti. Sethipāin āmesabu ghare kebal Marāṭhi re kathā heu.
But you speak Hindi very well!	କିନ୍ତୁ ଆପଣ ବହୁତ ଭଲ ହିନ୍ଦୀ କହୁଛନ୍ତି !	Kintu āpaṇa bahut bhala hindi kahuchhanti!
Thank you very much!	ଆପଣଙ୍କୁ ଅଶେଷ-ଅଶେଷ ଧନ୍ୟବାଦ !	āpaṇanku ases-ases dhanyabād!

VILLAGE VERSUS CITY ଗାଁ ବନାମ ସହର

You live in the village, but go to the city to work. Do you prefer to live in the village?	ଆପଣ ଗାଁରେ ରୁହନ୍ତି, କିନ୍ତୁ ସହରକୁ କାମ କରିବା ପାଇଁ ଯାଆନ୍ତି । କ'ଣ ଆପଣ ଗାଁରେ ରହିବାକୁ ଅଧିକ ପସନ୍ଦ କରନ୍ତି ?	āpaṇa gānre ruhanti, kintu saharaku kāma karibā pāin jānti. Kaṇ āpaṇa gānre rahibāku adhika pasand karanti?
Oh, yes! I prefer to live there. But I also like the city.	ହଁ ! ମୁଁ ସେଠାରେ ରହିବାକୁ ଅଧିକ ପସନ୍ଦ କରେ । କିନ୍ତୁ ମୁଁ ସହରକୁ ମଧ୍ୟ ପସନ୍ଦ କରେ ।	Han! Muṅ sethāre rahibāku adhika pasand kare. Kintu mu saharaku madhya pasand kare.
Why do you like the city?	ଆପଣ ସହରକୁ କାହିଁକି ପସନ୍ଦ କରନ୍ତି ?	āpaṇa saharaku kāhiki pasand karanti?
In the city, there are threatres, museums, libraries and university, etc.	ସହରରେ ସିନେମା-ନାଟକ ଅଛି, ସଂଗ୍ରହାଳୟ, ପୁସ୍ତକାଳୟ ଏବଂ ବିଶ୍ୱବିଦ୍ୟାଳୟ ଆଦି ସବୁକିଛି ଅଛି ।	Saharare sinemā-nāṭak achhi, sangrahālay, pustakālay ebam biswabidyālaya ādi sabukichhi achhi.

But there are also factories, buses, trucks and cars. Everywhere there are crowds and noise.	ହେଲେ ସେଠାରେ କାରଖାନା, ବସ୍, ଟ୍ରକ୍, କାର୍ ମଧ୍ୟ ଅଛି । ସବୁ ସ୍ଥାନରେ କୋଳାହଳ ସୃଷ୍ଟି ହୁଏ ।	Hele sethāre kārkhānā, bas, ṭrak, kār madhya achhi. Sabu sthānare kolāhala srusṭi hue.
Quite right. That is why I prefer to live in the village, although I do work in the city. In the village, it is quiet, the air is fresh.	ଏହା ଠିକ୍ । ଏହି କାରଣରୁ ମୁଁ ଗାଁରେ ରହିବାକୁ ଅଧିକ ଭଲ ବୋଲି ଭାବେ, ଯଦ୍ୟପି ମୁଁ ସହରରେ କାମ କରେ । ଗାଁରେ ଶାନ୍ତି ଥାଏ । ସ୍ୱଚ୍ଛ ପବନ ଥାଏ ।	Ehā ṭhik. Ehi kāraṇ ru mu gānre rahibāku adhika bhala boli bhābe, jadyapi mu saharare kāma kare. gānre sānti thāe. swachha pabana thāe.
And does your wife like life in village?	ଏବଂ ଆପଣଙ୍କ ପତ୍ନୀ ମଧ୍ୟ ଗାଁ ଜୀବନ ପସନ୍ଦ କରନ୍ତି କି ?	Ebam āpaṇanka patni madhya gān jiban pasand karanti ki?
Shẹ likes it very much. However, now and then she goes to the city to buy clothes and other things.	ସେ ଏହାକୁ ବହୁତ ପସନ୍ଦ କରେ । ଯେତେବେଳେ ସେ ପୋଷାକ ତଥା ଅନ୍ୟ ଜିନିଷ କିଣିବାକୁ ସହର ଯାଏ ।	Se ehāku bahut pasand kare. Jetebele se posāk tathā anya jinisa kiṇibāku sahar jāe.
However, our family members are happy in the village.	ଏହାପରେ ମଧ୍ୟ, ଆମ ପରିବାରର ସଦସ୍ୟମାନେ ଗାଁରେ ଖୁସିରେ ଅଛନ୍ତି ।	Ehāpare madhya, āma paribārara sadasyamāne gānre khusire achhanti.

LEARNING OF LANGUAGE ଭାଷା ଶିଖିବା

Mr. Nambiar, how are you?	ଶ୍ରୀ ନାମ୍ବିଆର ମହୋଦୟ, ଆପଣ କେମିତି ଅଛନ୍ତି ?	Sri Nambiār mahoday, āpaṇa kemiti achhanti?
Very well, thank	ଏକଦମ ଠିକ୍ ଅଛି ।	Ekdam ṭhik achhi.

you.	ଧନ୍ୟବାଦ ।	Dhanyavād!
And how is your family?	ଆଉ ଆପଣଙ୍କ ପରିବାର କେମିତି ଅଛି ?	āu āpaṇanka paribār kemiti achhi?
Thanks, all are well.	ଆପଣଙ୍କ ଦୟାରୁ ସବୁ ଠିକ୍‌ଠାକ୍ ଅଛି ।	āpaṇanka dayāru sabu ṭhik-ṭhāk achhi.
By the way, I hear that you have been studying Hindi for some time now.	ଏପରିକି, ମୁଁ ଶୁଣିଛି ଯେ ଆପଣ କିଛି ସମୟ ହେଲା ହିନ୍ଦୀ ଶିଖୁଛନ୍ତି ।	Epariki mu suṇichhi je āpaṇa kichhi samaya helā hindi sikhuchhanti.
That is true, I want to read, speak and write Hindi.	ଏହା ସତ ଅଟେ, ମୁଁ ହିନ୍ଦୀ ପଢ଼ିବା, କହିବା ଏବଂ ଲେଖିବାକୁ ଚାହୁଁଛି ।	Eha sata aṭe, muṅ hindi paḍhibā, kahibā ebam lekhibāku chāhuchhi.
Do you find the Hindi language difficult?	କ'ଣ ଆପଣଙ୍କୁ ଲାଗୁଛି ହିନ୍ଦୀ ଭାଷା କଠିନ ?	Kan āpaṇanku lāguchhi hindi bhāsā kaṭhina?
It seems difficult to foreigners; but I am making progress.	ବିଦେଶୀଙ୍କୁ ତାହା କଠିନ ଲାଗେ, କିନ୍ତୁ ମୁଁ ଉନ୍ନତି କରୁଛି ।	Bidesinku tāhā kaṭhina lāge, kintu mu unnati karuchhi.
Excellent! You are already speaking Hindi well.	ବହୁତ ଭଲ ! ଆପଣ ତ ପୂର୍ବରୁ ହିଁ ଭଲ ହିନ୍ଦୀ କୁହନ୍ତି ।	Bahut bhala! āpaṇa ta purbaru hin bhala hindi kuhanti.
Thanks! I want to speak better still.	ଧନ୍ୟବାଦ ! ମୁଁ ଆହୁରି ଭଲ କହିବାକୁ ଚାହୁଁଛି ।	Dhanyavād! Muṅ āhuri bhala kahibāku chāhuchhi.
Your enthusiasm is praiseworthy.	ଆପଣଙ୍କ ଉତ୍ସାହ ପ୍ରଶଂସା ଯୋଗ୍ୟ ଅଟେ ।	āpananka utsāh prasansā jogya ate.

42ND STEP ୪୨ତମ ସୋପାନ

BETWEEN TWO FRIENDS
ଦୁଇ ମିତ୍ରଙ୍କ ମଧ୍ୟରେ

Minakshi—Hello. How are you madam?	ମିନାକ୍ଷୀ- ଆପଣ କେମିତି ଅଛନ୍ତି ମହାଶୟା ?	— āpaṇa kemiti achhanti mahāsayā?
Garima—Pretty well, thanks. And you?	ଗରିମା- ଆପଣଙ୍କ ଦୟାରୁ ଠିକ୍ ଅଛି । ଏବଂ ଆପଣ ?	— āpaṇanka dayāru ṭhik achhi. Ebam āpaṇa?
Minakshi—I am fine, thanks.	ମିନାକ୍ଷୀ- ମୁଁ ଭଲ ଅଛି । ଧନ୍ୟବାଦ !	— Mu bhala achhi. dhanyabād!
Garima—It's good to see you again.	ଗରିମା-ଆଚ୍ଛା, ପୁଣି କେବେ ଦେଖାହେବ ।	—āchha, puṇi kebe dekhāheba.
●	●	●
Abha—Do you watch television very often?	ଆଭା-କ'ଣ ତୁମେ ପ୍ରାୟତଃ ଦୂରଦର୍ଶନ ଦେଖ ?	— Kaṇ tume prāyatah durdarsan dekha?
Amit—Well, I sometimes watch it in the evening.	ଅମିତ-ହଁ, ମୁଁ ବେଳେ-ବେଳେ ସନ୍ଧ୍ୟାରେ ଏହାକୁ ଦେଖେ ।	— Han, mu bele-bele sandhyāre ehāku dekhe.
Abha—Did you watch television last night?	ଆଭା-କ'ଣ ତୁମେ ଗତ ରାତିରେ ଦୂରଦର୍ଶନ ଦେଖିଥିଲ ?	— Kaṇ tume gata rātire duradarsana dekhithila?
Amit—Yes, I did. I saw several good programmes.	ଅମିତ-ହଁ, ଦେଖିଥିଲି । ମୁଁ କିଛି ଭଲ କାର୍ଯ୍ୟକ୍ରମ ଦେଖିଲି ।	— Han, dekhithili. Muṅ kichhi bhala kāryakram dekhili.
●	●	●
Amit—Do you ever listen to the radio?	ଅମିତ-କ'ଣ ତୁମେ କେବେ ଆକାଶବାଣୀ ଶୁଣ ?	— Kaṇ tume kebe ākāsbāṇi suṇa?

Abha—Certainly, I listen practically every night.	ଆଭା-ହଁ, ନିଶ୍ଚୟ । ପ୍ରକୃତରେ ମୁଁ ସବୁଦିନ ରାତିରେ ଆକାଶବାଣୀ ଶୁଣେ ।	— Han, nischaya. Prakrutare mu sabudina ākāsbāṇi suṇe.
Amit—What's your favourite programme?	ଅମିତ-କେଉଁଟି ତୁମର ମନପସନ୍ଦ କାର୍ଯ୍ୟକ୍ରମ ଅଟେ ?	— Keuṭi tumara manapasand kāryakrama aṭe?
Abha—I like vandanvar best of all.	ଆଭା-ମୋତେ ବନ୍ଦନା ସବୁଠାରୁ ଭଲ ଲାଗେ ।	— Mote bandanā sabuṭhāru bhala lāge.
●	●	●
Shehnaz—Where did you go?	ଶେହନାଜ-ତୁମେ କେଉଁଆଡ଼େ ଯାଇଥିଲ ?	— Tume keuāde jāithila?
Minaz—We went to a beautiful beach.	ମୀନାଜ-ଆମେ ସୁନ୍ଦର ସମୁଦ୍ର କୁଳକୁ ଯାଇଥିଲୁ ।	— āme sundar samudra kulaku jāithilu.
Shahnaz—Did you swim in the ocean?	ଶେହନାଜ-କ'ଣ ତୁମେ ସମୁଦ୍ରରେ ପହଁରିଲ ?	— Kaṇ tume samudra re paharila?
Minaz—Yes, but I swam close to the shore!	ମୀନାଜ- ହଁ, କିନ୍ତୁ ମୁଁ କୁଳରେ ପହଁରିଥିଲି ।	— Han, kintu muṅ kulare paharithili.
●	●	●
Manjula—What are you going to do tonight?	ମଞ୍ଜୁଳା-ଆଜି ରାତିରେ ଆପଣଙ୍କର କି କାର୍ଯ୍ୟକ୍ରମ ଅଛି ?	— āji rātire āpaṇankara ki kāryakrama achhi?
Gaurav—I have not decided yet.	ଗୌରବ-ଏବେ ମୁଁ ସ୍ଥିର କରିନାହିଁ ।	— Ebe muṅ sthira karināhiṅ.
Manjula—Would you like to go the movies?	ମଞ୍ଜୁଳା-କ'ଣ ଆପଣ ସିନେମା ଯିବାକୁ ଚାହିଁବେ ?	— Kaṇ āpaṇa sinemā jibāku chāhibe?
Gaurav—No, I like to go to see a drama	ଗୌରବ-ନାଁ, ମୁଁ ନାଟକ ଦେଖିବାକୁ ଚାହିଁବି ।	— Na, muṅ nāṭak dekhibāku chāhibi.
●	●	●

Manoj—I have to go to the railway station.	ମନୋଜ-ମୋତେ ରେଲ୍‌ୱେ ଷ୍ଟେସନ ଯିବାର ଅଛି ।	— Mote relwe sṭesan jibāra achhi.
Vikas—Why do you have to go there?	ବିକାସ-ତୁମେ ସେଠାକୁ କାହିଁକି ଯିବ ?	— Tume seṭhāku kāhiki jiba?
Manoj—To receive my sister from Bombay.	ମନୋଜ-ମୋ ଭଉଣୀ ବମ୍ବେରୁ ଆସୁଛି, ତାକୁ ଆଣିବାକୁ ଯିବାର ଅଛି ।	— Mo bhauṇi Bamberu āsuchhi, tāku āṇibāku jibāra achhi.
Vikas—Let me take you on my scooter.	ବିକାସ-ଆସ ମୋ ସ୍କୁଟର୍‌ରେ ବସି ଯିବା ।	— āsa mo skuṭar re basi jibā.
●	●	●
Pradip—Are you Dr. Bhartendu?	ପ୍ରଦୀପ-କ'ଣ ଆପଣ ଡା. ଭାରତେନ୍ଦୁ ଅଟନ୍ତି ?	—Kaṇ āpaṇa dāktar Bhāratendu aṭanti?
Manohar—No. That tall fellow is Dr. Bharatendu	ମନୋହର-ନା, ସେହି ଡେଙ୍ଗା ମହାଶୟ ଡା. ଭାରତେନ୍ଦୁ ଅଟନ୍ତି ।	— Na, sehi ḍengā mahāsaya dāktar Bhāratendu aṭanti.
Pradip—Do you mean the one over there with spectacles?	ପ୍ରଦୀପ-କ'ଣ ଆପଣଙ୍କ ହିସାବରେ, ସେହି ଲୋକ ଯିଏ ଚଷମା ପିନ୍ଧିଛନ୍ତି ?	— Kaṇ āpaṇanka hisābare, sehi loka jie chasamā pindhichhanti?
Manohar—Yes. The one with dark hair.	ମନୋହର-ହଁ, ସେଇ ଯାହାଙ୍କ କଳା କେଶ ଅଛି ।	— Haṅ, sei jāhānka kalā kesa achhi.
●	●	●
Inamdar—How long have you been here?	ଇନାମଦାର-ଆପଣ ଏଠାରେ କେତେବେଳୁ ଅଛନ୍ତି ?	— āpaṇa eṭhāre ketebelu achhanti?
Gopal—I have been here for two weeks.	ଗୋପାଳ-ମୁଁ ଦୁଇ ସପ୍ତାହ ହେବ ଏଠାରେ ଅଛି ।	— Muṅ dui saptāh heba eṭhāre achhi.
Inamdar—How often do you get here?	ଇନାମଦାର-ଆପଣ କେବେ କେବେ ଏଠାକୁ ଆସନ୍ତି ?	—āpaṇa kebe-kebe eṭhāku āsanti?

Gopal—I get to this city about twice a year.	ଗୋପାଳ-ମୁଁ ପାଖାପାଖି ବର୍ଷକରେ ଦୁଇଥର ଏହି ସହରକୁ ଆସେ ।	— Mu pākhāpākhi barsakare dui thara ehi sahraku āse.
Anu—Did you have a good vacation?	ଅନୁ-କ'ଣ ତୁମର ଛୁଟି ଗୁଡ଼ିକ ଭଲରେ ବିତିଲା ?	— Kaṇ tumara chhuṭi guḍika bhalare bitilā?
Satya—Yes, I did. I had a wonderful time.	ସତ୍ୟ-ହଁ, ଭଲରେ ବିତିଲା । ସେହି ସମୟ ବହୁତ ମଜାଦାର ଥିଲା ।	— Han, bhalare bitilā. Sehi samaya bahut mazādār thilā.
Anu—What did you do?	ଅନୁ-ତୁମେ କ'ଣ କଲ ?	— Tume kaṇ kala?
Satya—I visited some old friends in New Delhi.	ସତ୍ୟ-ମୁଁ ନୂଆଦିଲ୍ଲୀର କିଛି ପୁରୁଣା ମିତ୍ରଙ୍କ ସହ ସାକ୍ଷାତ କଲି ।	— Mu Nuādillira kichhi puruṇā mitranka saha sākṣāt kali.

•••

43RD STEP ୪୩ତମ ସୋପାନ

ABOUT MONEY

ପଇସା ବାବଦରେ

1. How much money do you have?	ତୁମ ପାଖରେ କେତେ ଟଙ୍କା ଅଛି ?	Tuma pākhare kete tankā achhi?
— Not very much.	ବେଶୀ ନାହିଁ ।	— Besi nāhin?

● ● ●

2. She looks upset about something.	ସେ କୌଣସି ବିଷୟରେ ଚିନ୍ତିତ ଦେଖାଯାଉଛି ।	Se kauṇasi bisayare chintita dekhājāuchhi?
— I think she has lost her money.	–ମତେ ଲାଗୁଛି, ତା ପଇସା ହଜିଯାଇଛି ।	–Mate lāguchhi, tā paisā hajijāichhi.

— Are you sure she has lost her money?	-କ'ଣ ଆପଣଙ୍କୁ ସଠିକ୍ ଜଣାଅଛି ଯେ ତା ପଇସା ହଜିଯାଇଛି ?	— Kaṇ āpaṇanku saṭhik jaṇāachhi je tā paisā hajijāichhi?
— I am sure she did.	-ହଁ, ମୋର ବିଶ୍ୱାସ ଅଛି ।	— Han, mora biswās achhi.
●	●	●
3. How many rupees did you have in your bank?	ଆପଣଙ୍କ ବ୍ୟାଙ୍କ୍ ଖାତାରେ କେତେ ଟଙ୍କା ଥିଲା ?	-āpaṇanka Bānk khātāre kete ṭankā thilā?
— I had exactly three-hundred rupees.	-ମୋ ପାଖରେ ଠିକ୍ ତିନିଶହ ଟଙ୍କା ଥିଲା ।	— Mo pākhare ṭhik tinisaha ṭankā thilā.
●	●	●
4. Did you sell your motorcycle?	କ'ଣ ତୁମେ ନିଜର ମୋଟରସାଇକଲ୍ ବିକି ଦେଇଛ ?	Kaṇ tume nijara moṭarsāikal biki deichha?
— Yes, I sold it to my friend Anupam.	-ହଁ, ମୁଁ ମୋର ବନ୍ଧୁ ଅନୁପମକୁ ବିକିଦେଲି ।	— Han, muṅ mora bandhu Anupam ku bikideli.
●	●	●
5. Could you lend me one hundred rupees until tomorrow?	କ'ଣ ଆପଣ ଆସନ୍ତା କାଲି ଯାଏଁ ଶହେ ଟଙ୍କା ଉଧାର ଦେଇପାରିବେ ?	Kaṇ āpaṇa āsantā kāli jāen sahe ṭankā udhār deipāribe?
— No, I could not.	-ନା, ମୁଁ ଦେଇପାରିବି ନାହିଁ ।	— Nā, muṅ deipāribi nāhin.
●	●	●
6. Could you spare six hundred rupees?	କ'ଣ ଆପଣ ମୋ ପାଇଁ ଛଅ ଶହ ଟଙ୍କା ବାହାର କରିପାରିବେ ?	Kaṇ āpaṇa mo pāin chha saha ṭankā bāhār karipāribe?
— Yes, but I shall need the money before next week.	-ହଁ, କିନ୍ତୁ ମୋତେ ସେହି ପଇସା ଆଗାମୀ ସପ୍ତାହ ପୂର୍ବରୁ ଦରକାର ।	— Han, kintu mote sehi paisā āgāmi saptāh purbaru darakār.

7. Did you get the money?	କ'ଣ ତୁମକୁ ପଇସା ମିଳିଗଲା ?	Kaṇ tumaku paisā miligalā?
— Yes, I borrowed it form my colleague.	-ହଁ, ମୁଁ ମୋ ସାଙ୍ଗଠାରୁ ଧାର୍ ନେଇଗଲି ।	— Han, mu mo sāngaṭhāru dhār neigali.
●	●	●
8. Have you got any change?	କ'ଣ ଆପଣଙ୍କ ପାଖରେ ଖୁଚୁରା ଅଛି ?	Kaṇ āpaṇanka pākhare khuchurā achhi?
— Here are seven coins of ten paise and six coins of five paise.	-ମୋ ପାଖରେ ଦଶ ପଇସିଆ ସାତଟି ମୁଦ୍ରା ଏବଂ ପାଞ୍ଚ ପଇସିଆ ଛଅଟି ମୁଦ୍ରା ଅଛି ।	— Mo pākhare dasa paisiā sātaṭi mudrā ebam pāncha paisiā chhaṭi mudrā achhi.
●	●	●
9. Can you change this ten rupee note?	କ'ଣ ଆପଣ ଏହି ଦଶ ଟଙ୍କିଆ ନୋଟ୍‌କୁ ବଦଳାଇ ପାରିବେ ?	Kaṇ āpaṇa ehi dasa ṭankiā noṭku badalāi pāribe?
— I am sorry I don't have any note.	-ମୁଁ ଦୁଃଖିତ, ମୋ ପାଖରେ କୌଣସି ନୋଟ୍ ନାହିଁ ।	— Mu dukhita, mo pākhare kauṇasi noṭ nāhin?
●	●	●
10. Do you have change for one hundred rupees?	କ'ଣ ଆପଣଙ୍କ ପାଖରେ ଶହେ ଟଙ୍କାର ଖୁଚୁରା ନୋଟ୍ ଅଛି ?	-Kaṇ apaṇanka pākhare sahe ṭankāra khuchurā noṭ achhi?
— Just a minute, let me see.	ଗୋଟେ ମିନିଟ୍ ରୁହ, ଟିକେ ଦେଖିଦିଏ ।	— Goṭe miniṭ ruha, ṭike dekhidie.
11. Will you get foreign exchange?	କ'ଣ ତୁମେ ବିଦେଶୀ ମୁଦ୍ରା ବିନିମୟ କରିବ ?	Kaṇ tume bidesi mudrā binimaya kariba?
— Yes, I will.	-ହଁ, ନିଶ୍ଚୟ ।	— Han, nischaya.
●	●	●
12. How much will you get?	ଆପଣ କେତେ ଟଙ୍କା ବିନିମୟ କରିବେ ?	āpaṇa kete ṭankā binimaya karibe?

— A student generally gets foreign exchange worth about 5000 dollars per year.	-ଜଣେ ଛାତ୍ର ପ୍ରତିବର୍ଷ ପ୍ରାୟତଃ ପାଞ୍ଚ ହଜାର ଡଲାର ବିଦେଶୀ ମୁଦ୍ରା ବିନିମୟ କରିପାରିବ ।	— Jaṇe chhātra prati barsa prāyath pāncha hajār ḍalār bidesi mudrā binimaya karipāriba.
●	●	●
13. What is your salary?	ତୁମର ଦରମା କେତେ ?	Tumara darama kete?
— I am drawing a salary of Rs. 400 per month.	-ମତେ ମାସକୁ ଚାରିଶହ ଟଙ୍କା ବେତନ ମିଳେ ।	— Mate māsaku chārisaha ṭankā betana mile.
●	●	●
14. How much do you expect?	ଆପଣ କେତେ ଟଙ୍କା ଚାହୁଁଛନ୍ତି ?	-āpaṇa kete ṭankā chāhuchhanti?
— I do not wish to have more than fifty rupees.	-ମୁଁ ପଚାଶ ଟଙ୍କାରୁ ଅଧିକ ପାଇବାକୁ ଚାହୁଁନାହିଁ ।	— Muṅ pachās ṭankaru adhika pāibāku chāhunāhin.
●	●	●
15. Do you give any discount?	ଆପଣ କିଛି କମିଶନ ଦେବେ ?	āpaṇa kichhi kamisan debe?
— Not at all.	-କିଛି ବି ନୁହେଁ ।	— Kichhi bi nuhen?
●	●	●
16. Is this worth twenty rupees?	କ'ଣ ଏହି ଜିନିଷର ମୂଲ୍ୟ କୋଡ଼ିଏ ଟଙ୍କା ହେବ ?	Kaṇ ehi jinisara mulya koḍie ṭankā heba?
— Why not? It is rather costlier.	-କାହିଁକି ନୁହେଁ ? କିନ୍ତୁ ଏହା ତ ଆହୁରି ମହଙ୍ଗା ।	— Kāhiki nuhen? kintu ehā ta āhuri mahangā.

44TH STEP ୪୪ତମ ସୋପାନ

ON THE BUS
ବସ୍‌ରେ

1.	Pay for the tickets.	ଟିକଟ କାଟିଦିଅ ।	ṭikaṭ kāṭidia.
2.	No, I paid last time. It is your turn today.	ନା, ପୂର୍ବଥର ମୁଁ ଟିକଟ କାଟିଥିଲି । ଆଜି ତୁମର ପାଳି ।	Nā, purbathara mu ṭikaṭ kāṭithili. āji tumara pāli.
3.	All right. Shall we get off at the ring road, Lajpat Nagar?	ଆଚ୍ଛା । କଣ ଆମେ ରିଙ୍ଗ ରୋଡ୍, ଲାଜପତ ନଗରରେ ଓହ୍ଲାଇବା ?	āchhā. Kaṇ āme Ring Roḍ, Lājpat-nagar re olhāibā?
4.	I think the Central Market is a little nearer the Cinema. Anyway the fare is the same.	ମୁଁ ତ ଭାବୁଛି, ସେଣ୍ଟ୍ରାଲ୍ ମାର୍କେଟ୍ ଠାରୁ ସିନେମା ପାଖ ପଡ଼ିବ । ଯାହା ବି ହେଉ, ଭଡ଼ା ତ ଏକା ।	Muṁ ta bhābuchhi, senṭral mārkeṭ ṭhāru sinemā pākha paḍiba. jāhā bi heu, bhaḍā ta eka.
5.	Yes, it is. I usually get off at the Ring Road. But it makes no difference.	ହଁ, ଠିକ୍ ଅଛି । ମୁଁ ପ୍ରାୟ ରିଙ୍ଗ୍ ରୋଡ୍‌ରେ ଓହ୍ଲାଏ । କିନ୍ତୁ ଏହାଦ୍ୱାରା କୌଣସି ଫରକ ପଡ଼େନାହିଁ ।	Han, ṭhik achhi. Mu prāya Ring Roḍre olhāe. kintu ehādwārā kauṇasi farak paḍenāhin.
6.	Now buy the tickets.	ଏବେ ଟିକଟ କାଟିଦିଅ ।	Ebe ṭikaṭ kāṭidia.
7.	The bus is over crowded, So I think the conductor is very busy.	ବସ୍‌ରେ ବହୁତ ଭିଡ଼ ଅଛି, ତେଣୁ ମୁଁ ଭାବୁଛି କଣ୍ଡକ୍ଟର ଅଧିକ ବ୍ୟସ୍ତ ଅଛି ।	Basre bahut bhiḍa achhi. Teṇu mu bhābuchhi kanḍakṭar adhika byasta achhi.
8.	But have you got the money ready?	କିନ୍ତୁ ତୁମେ କ'ଣ ପଇସା କାଢ଼ି ସାରିଛ ?	Kintu tume kaṇ paisā kāḍhi sārichha?

9.	Yes, I have got the exact fare.	ହଁ, ମୋ ପାଖରେ ଭଡ଼ା ପାଇଁ ଖୁଚୁରା ପଇସା ଅଛି ।	Han, mo pākhare bhaḍā pāin khuchurā paisā achhi.

IN A PUBLIC LIBRARY ସର୍ବସାଧାରଣ ପୁସ୍ତକାଳୟରେ

1.	May I be a regular member of the library?	କ'ଣ ମୁଁ ପୁସ୍ତକାଳୟର ନିୟମିତ ସଦସ୍ୟ ହୋଇପାରିବି ?	Kaṇ mu pustakālayara niyamita sadasya hoipāribi?
2.	Of course. Complete this form, please, and get it signed by any Gazetted officer.	ନିଃସନ୍ଦେହ । ଏହି ଫର୍ମ ପୂରଣ କରନ୍ତୁ ଏବଂ କୌଣସି ଗେଜେଟେଡ୍ ଅଫିସରଙ୍କ ଠାରୁ ଦସ୍ତଖତ କରାଇ ଆଣନ୍ତୁ ।	Ni:sandeh. Ehi farm puraṇa karantu ebam kauṇasi gejeṭeḍ afisar nka ṭhāru dastakhata karāi āṇantu.
3.	What is the membership fees?	ସଦସ୍ୟତା ଶୁଳ୍କ କେତେ ?	Sadasyatā sulka kete?
4.	Not at all, the public library service is entirely free.	କିଛି ନାହିଁ । ସର୍ବସାଧାରଣ ପୁସ୍ତକାଳୟ ସେବା ସବୁଆଡ଼େ ନିଃଶୁଳ୍କ ଅଟେ ।	Kichhi nāhin. Sarbasādhāraṇa Pustakālaya sebā sabuāḍe ni:sulka aṭe.
5.	How many books do you lend at a time?	ଗୋଟିଏ ସମୟରେ ଆପଣ କେତୋଟି ପୁସ୍ତକ ଦିଅନ୍ତି ?	Goṭie samayare āpaṇa ketoṭi pustaka dianti?
6.	The library lends three books for fourteen days.	ପୁସ୍ତକାଳୟ ଚଉଦ ଦିନ ପାଇଁ ତିନୋଟି ପୁସ୍ତକ ଦେଇଥାଏ ।	Pustakālaya chauda dina pāin tinoṭi pustaka deithāe.
7.	I see. What is the late fee per day?	ଆଚ୍ଛା ! ପ୍ରତିଦିନର ବିଳମ୍ବ ଶୁଳ୍କ କେତେ ?	Achhā, pratidinara bilamba sulka kete?
8.	We charge ten paise per day for each book.	ଆମେ ପ୍ରତିଦିନ ପ୍ରତ୍ୟେକ ପୁସ୍ତକ ପାଇଁ ଦଶ ପଇସା ନେଉ ।	āme pratidina pratyeka pustaka pāin dasa paisā neu.
9.	What are the working hours of the library?	ପୁସ୍ତକାଳୟ କେତେଟାରୁ କେତେଟା ପର୍ଯ୍ୟନ୍ତ ଖୋଲା ରୁହେ ?	Pustakālaya keteṭāru keteṭā paryanta kholā ruhe?

10. The library remains open from 9 a.m. to 7.30 p.m.	ପୁସ୍ତକାଳୟ ସକାଳ ୯ ଟାରୁ ସନ୍ଧ୍ୟା ସାଢ଼େ ସାତଟା ପର୍ଯ୍ୟନ୍ତ ଖୋଲା ରୁହେ ।	Pustakālaya sakāla na ṭāru sandhyā sāḍhe sātaṭā paryanta kholā ruhe.

AT THE THEATRE ସିନେମା ଘରେ

1. It's interval. Shall we go to the snack bar and have a cup of tea.	ବିରତି ହୋଇଗଲା । ସ୍ନାକ୍ ବାର୍‌କୁ ଯାଇ ଚାହା କପେ ଲେଖା ପିଇବା ?	Birati hoigalā. Snāk bārku jāi chāhā kape lekhā pibā?
2. I don't want anything. Let us stretch our legs.	ମୋର କିଛି ଦରକାର ନାହିଁ । ଚାଲ ଆମ ଗୋଡ଼ ସିଧା କରିନେବା ।	Mora kichhi darakār nāhin. Chāla āma goḍa sidhā karinebā.
3. Let us go. What do you think of the heroine?	ଚାଲ ଯିବା । ନାୟିକା ବାବଦରେ ତୁମର ମତ କଣ ?	Chāla jibā. Nāyikā bābadare tumara mata kaṇ?
4. Her performance was very good.	ତା'ର ପ୍ରଦର୍ଶନ ବହୁତ ଭଲ ଥିଲା ।	Tāra pradarsana bahut bhala thilā.
5. Really her future is very good.	ବସ୍ତୁତଃ ତାହାର ଭବିଷ୍ୟତ ବହୁତ ଉଜ୍ଜ୍ୱଳ ଅଟେ ।	Bastutah tāhāra bhabisyata bahut ujjwal aṭe.
6. She certainly surpassed all the actors.	ସେ ନିଶ୍ଚୟ ହିଁ ସବୁ ଅଭିନେତାଙ୍କ ଠାରୁ ଆଗେଇ ଗଲା ।	Se nischaya hin sabu abhinetānka ṭhāru āgeigalā.
7. None of the others was as good as she was.	ସେ ଯେତିକି ଭଲ ଥିଲା ସେତିକି ଅନ୍ୟ କେହି ନଥିଲେ ।	Se jetiki bhala thilā setiki anya kehi nathile.
8. Except the young child Mira who made us all laugh.	କେବଳ ଛୋଟ ଝିଅ ମୀରାକୁ ଛାଡ଼ି, ଯିଏ ଆମ ସମସ୍ତଙ୍କ ମନୋରଞ୍ଜନ କଲା ।	Kebala chhoṭa jhia Mirāku chhāḍi, jie āma samastanka manoranjan kalā.
9. The bell is ringing. It's time to go back.	ଘଣ୍ଟି ବାଜୁଛି । ଏହା ଫେରିବାର ସମୟ ଅଟେ ।	Ghanṭi bājuchhi. Ehā feribāra samaya aṭe.

45TH STEP ୪୫ତମ ସୋପାନ

ASKING THE WAY
ରାସ୍ତା ପଚାରିବା ବେଳେ

1.	Excuse me. Can you tell me where is the temple?	କ୍ଷମା କରିବେ, କ'ଣ ଆପଣ କହି ପାରିବେ କି ମନ୍ଦିର କେଉଁଠି ଅଛି ?	Ksamā karibe, kaṇ āpaṇa kahipāribe ki mandira keuṭhi achhi?
2.	Which temple are you looking for?	କେଉଁ ମନ୍ଦିର ?	Keu mandira?
3.	I mean the tempe of Laxmi Narayan.	ମୋ କହିବାର ମାନେ, ଲକ୍ଷ୍ମୀ ନାରାୟଣ ମନ୍ଦିର ।	Mo kahibāra māne, Laksmi Nārāyan Mandira.
4.	Oh, the Birla Mandir. Go straight to the first traffic light and then turn left.	ଆଚ୍ଛା, ବିରଳା ମନ୍ଦିର । ପ୍ରଥମ ଟ୍ରାଫିକ୍ ଲାଇଟ ପର୍ଯ୍ୟନ୍ତ ସିଧା ଯାଆନ୍ତୁ ଏବଂ ତା ପରେ ବାମକୁ ବୁଲନ୍ତୁ ।	Achhā, Birlā Mandira. Prathama trāfik lāiṭ paryanta sidhā jāntu ebam tā pare bāmaku bulantu.
5.	I see. Is it far?	ଆଚ୍ଛା ! କ'ଣ ଏହା ଦୂରରେ ଅଛି ?	Achhā! kaṇ ehā durare achhi?
6.	Not so far. Only one kilometre.	ନା, ଅଧିକ ଦୂର ନୁହେଁ । କେବଳ ଏକ କିଲୋମିଟର ।	Nā, adhika dura nuhen. Kebala eka kilomiṭar.
7.	Turn left at the first traffic light?	ପ୍ରଥମ ଟ୍ରାଫିକ୍ ଲାଇଟ୍ ଠାରୁ ବାମ ପଟକୁ ଯିବାର ଅଛି ?	Prathama ṭrāfik lāiṭ ṭhāru bāma paṭaku jibāra achhi?
8.	When you turn left, you will see the temple.	ଆପଣ ଯେତେବେଳେ ବାମ ପଟକୁ ବୁଲିବେ, ତେବେ ଆପଣଙ୍କୁ ମନ୍ଦିର ଦେଖାଯିବ ।	āpaṇa jetebele bāma paṭaku bulibe, tebe āpaṇanku mandira dekhājiba.
9.	Thank you.	ଆପଣଙ୍କୁ ଧନ୍ୟବାଦ !	āpaṇanku dhanyabād!

10. Not at all. It is a matter of joy to help a stranger.	ଏମିତି କୌଣସି କଥା ନାହିଁ । ଅପରିଚିତ ବ୍ୟକ୍ତିଙ୍କୁ ସାହାଯ୍ୟ କରିବା ଖୁସିର କଥା ।	Emiti kauṇasi kathā nāhin. aparichita byaktinku sāhājya karibā khusira kathā.

AT THE MEDICAL STORE ଔଷଧ ଦୋକାନରେ

1. Can you make up this prescription for me, please?	କଣ ଆପଣ ମୋ ଚିଠାରେ ଥିବା ଔଷଧ ଦେଇପାରିବେ ?	Kaṇ āpaṇa mo chiṭhāre thibā ousadha deipāribe?
2. Certainly, Sir! will you come back later?	ନିଶ୍ଚୟ, ମହାଶୟ ! କ'ଣ ଆପଣ କିଛି ସମୟ ପରେ ଆସିପାରିବେ ?	Nischaya, mahāsay! Kaṇ āpaṇa kichhi samaya pare āsipāribe?
3. How long will it take?	କେତେ ସମୟ ଲାଗିବ ?	Kete samay lāgiba?
4. Only ten minutes.	କେବଳ ଦଶ ମିନିଟ୍ ।	Kebala dasa miniṭ.
5. Could you recommend something for headache?	କ'ଣ ଆପଣ ମୁଣ୍ଡବିନ୍ଧା ପାଇଁ କୌଣସି ଔଷଧ କହିବେ ?	Kaṇ āpaṇa munda bindhā pāin kauṇasi ousadha kahibe?
6. Yes, these tablets are very effective. Mostly doctors prescribe them nowadays.	ହଁ, ଏହି ଟାବ୍‌ଲେଟ ଅଧିକ ଫଳପ୍ରଦ । ଆଜିକାଲି ଅଧିକାଂଶ ଡାକ୍ତର ଏହାକୁ ଲେଖୁଛନ୍ତି ।	Han, ehi tābleṭ adhika falaprada. ājikali adhikānsa ḍāktar ehāku lekhuchhanti.
7. All right. I will take ten tablets.	ବହୁତ ଭଲ ! ମୁଁ ଦଶଟି ଟାବ୍‌ଲେଟ ନେବି ।	Bahut bhala. Mu dasaṭi tābleṭ nebi.
8. Will that be all, Sir?	ଏତିକି ତ' ମହାଶୟ ?	Etiki ta mahāsaya?
9. Yes, except for my medicines? Will it be ready now?	ହଁ ଆଜ୍ଞା, କେବଳ ମୋ ଚିଠାର ଔଷଧ । କ'ଣ ତାହା ଏବେ ପ୍ରସ୍ତୁତ ହୋଇଯିବ ?	Han āgyān, kebala mo chiṭhāra ousadh. Kaṇ tāhā ebe prastuta hoijiba?
10. Not yet. Wait for a short while. Please be seated.	ନା, ଏବେ ନୁହେଁ । କିଛି ସମୟ ଅପେକ୍ଷା କରନ୍ତୁ । ଦୟାକରି ବସିଯାନ୍ତୁ ।	Nā, ebe nuhen. Kichhi samaya apeksā karantu. Dayākari basijāntu.

ON THE TELEPHONE ଟେଲିଫୋନ୍‌ରେ

1.	Is it Diamand Pocket Books?	ଏହା ଡାଯମଣ୍ଡ ପକେଟ୍ ବୁକ୍ସ କି ?	Ehā ḍiamand pakeṭ buks ki?
2.	Yes, Diamand. Good morning.	ଆଜ୍ଞା ହଁ, ଡାଯମଣ୍ଡ । ନମସ୍କାର ।	āgyān han, ḍiamand. Namaskār.
3.	May I speak to Mr. Narendra Kumar?	କ'ଣ ନରେନ୍ଦ୍ର କୁମାର ଅଛନ୍ତି ?	Kaṇ sri Narendra Kumār achhanti?
4.	Sorry, he has not arrived yet.	ମୁ ଦୁଃଖିତ, ସେ ଏବେ ଆସିନାହାନ୍ତି ।	Mu du:khita, se ebe āsināhānti.
5.	Can you tell when he will come?	କ'ଣ ଆପଣ କହିପାରିବେ, ସେ କେତେବେଳେ ଆସିବେ ?	Kaṇ āpaṇ kahipāribe, se ketebele āsibe?
6.	I don't know. You can give me your message.	ମୁଁ ଜାଣିନାହିଁ । ଆପଣ ନିଜର ସନ୍ଦେଶ ମତେ ଦେଇପାରନ୍ତି ।	Mu jāṇināhin. āpaṇa nijara sandes mate deipāranti.
7.	Will you tell him that Mr. Lamba called and ask him to ring me back as early as possible?	କ'ଣ ଆପଣ ତାଙ୍କୁ କହିଦେବେ ଯେ ଶ୍ରୀ ଲାମ୍ବାଙ୍କ ଫୋନ୍ ଆସିଥିଲା, ଏବଂ ସେ ଆସି ମୋତେ ଶୀଘ୍ରାତି ଶୀଘ୍ର ଫୋନ୍ କରିବେ ?	Kaṇ āpaṇa tānku kahidebe je sri lāmbā nka fon āsithilā, ebaṁ se āsi mote sighrati sighra fon karibe?
8.	O.K. What is your telephone number please?	କହିଦେବି । ଆପଣଙ୍କ ଫୋନ୍ ନମ୍ବର କେତେ ?	Kahidebi. āpaṇanka phon number kete?
9.	My number is 654527. Mr. Narendra knows it.	ମୋ ନମ୍ବର ହେଉଛି 654527-ଶ୍ରୀ ନରେନ୍ଦ୍ର କୁମାର ଏହା ଜାଣିଛନ୍ତି ।	Mo number heuchhi 654527. Sri Narendra Kumār ehā jāṇichhanti.
10.	Very well, sir. I shall tell him as soon as he arrives.	ଠିକ୍ ଅଛି, ମହାଶଯ ! ସେ ଆସିବା କ୍ଷଣି, ମୁଁ ତାଙ୍କୁ ଜଣାଇଦେବି ।	ṭhik achhi, mahāsay! se āsibā ksaṇi mu tānku jaṇāidebi.
11.	Thanks. Please remember, it is most urgent. Good bye.	ଧନ୍ୟବାଦ । ଦଯାକରି ମନେ ରଖନ୍ତୁ, ଏହା ଜରୁରୀ ଅଟେ । ବିଦାଯ !	Dhanyabād! Dayākari mane rakhantu, ehā jaruri aṭe. bidāya!

46TH STEP ୪୬ତମ ସୋପାନ

MAKING A TRUNK CALL
ଟ୍ରଙ୍କ୍ କଲ୍ କରିବା ସମୟରେ

Subscriber—Hello Exchange!	ଗ୍ରାହକ-ହାଲୋ ଏକ୍ସଚେଞ୍ଜ !	Grāhak—Hālo exchenj!
Operator—Yes, Exchange speaking.	ଚାଳକ-ଆଜ୍ଞା ହଁ, ଏକ୍ସଚେଞ୍ଜରୁ କହୁଛି ।	Chālak—āgyān han, exchenj ru kahuchhi.
Subs—Please book an urgent trunk call.	ଗ୍ରାହକ-ଦୟାକରି ଗୋଟିଏ ଜରୁରୀ ଟ୍ରଙ୍କ୍ କଲ୍ ବୁକ୍ କରନ୍ତୁ ।	Grāhak—Dayākari gotie jaruri trank kal buk karantu.
Op—For which city?	ଚାଳକ-କେଉଁ ସହର ପାଇଁ ?	Chālak—Keu sahara pāin.
Subs—For Pune, please.	ଗ୍ରାହକ-ଆଜ୍ଞା, ପୁନେ ପାଇଁ ।	Grāhak—āgyān, pune pāin.
Op—What number, please?	ଚାଳକ-କେଉଁ ନମ୍ବର ?	Chālak—Keun number?
Subs—6543	ଗ୍ରାହକ-6543	Grāhak—Chha pānch chāri tin.
Op—Is the call in the name of a person?	ଚାଳକ-କ'ଣ କଲ୍ ବ୍ୟକ୍ତିଗତ ଅଟେ ?	Chālak—Kaṇ kal byaktigat aṭe?
Subs—Yes, please, it is in the name of Yash Shah.	ଗ୍ରାହକ-ହଁ ମହାଶୟ ଏହା ୟଶ୍ ଶାହଙ୍କ ନାମରେ ।	Grāhak—Han mahāsaya, ehā Yas Sāhnka nāmare.
Op—Please spell out the name.	ଚାଳକ-ଦୟାକରି ନାମର ବନାନ କୁହନ୍ତୁ ।	Chālak—Dayākari nāmara banān kuhantu.
Subs—Y for Yamunanagar,	ଗ୍ରାହକ-ୟ ରେ ୟମୁନାନଗର, ଶ ରେ ଶିବପୁରୀ, ୟ ଶ	Grāhak-Ya re Yamunānagar,

S for Shivpuri Y for Yash Shah., Deccan College Pune.	ଯଶ ଶାହ, ଡେକାନ କଲେଜ ପୁନେ ।	sa re sibpuri... Ya re-Yas Shāh. ḍekkān Kalej, Pune.
Op—O.K. Your phone number?	ଚାଳକ-ଠିକ୍ ଅଛି, ଆପଣଙ୍କ ଫୋନ୍ ନମ୍ବର ?	Chālak—ṭhik achhi, āpaṇanka phon namber?
Sub—203606	ଗ୍ରାହକ-203606	Grāhak—dui sun tini chha sun chha.
Op—Well, please wait for five minutes or so.	ଚାଳକ-ଠିକ୍ ଅଛି । ପାଞ୍ଚ ମିନିଟ୍ ଅପେକ୍ଷା କରନ୍ତୁ ।	Chālak—ṭhik achhi. Pāncha miniṭ apeksā karantu.
Subs—What is my registration number?	ଗ୍ରାହକ-ମୋ ପଞ୍ଜିକରଣ ନମ୍ବର କେତେ ?	Grāhak—Mo panjikaraṇa nambar kete?
Op—B for Bombay 1002	ଚାଳକ-ବ ରେ ବମ୍ବେ 1002	Chālak—ba re Bambe ek sun sun dui.
Subs—Thank you, Sir.	ଗ୍ରାହକ-ଧନ୍ୟବାଦ ମହାଶୟ !	Grāhak—Dhanyabād mahāsaya!
[After seven minutes]	[ସାତ ମିନିଟ୍ ପରେ]	[Sāta minit pare]
Op—Hello, is it 203606?	ଚାଳକ-ହାଲୋ ! କଣ ନମ୍ବର 203606?	Chālak—Helo! Kaṇ nambar dui sun tini chha sun chha?
Subs—Yes speaking.	ଗ୍ରାହକ-ହଁ, କହୁଛି ।	Grāhak—Han, kahuchhi.
Op—Here is your trunk call to Pune. Please speak to your friend.	ଚାଳକ-ପୁନେ ପାଇଁ ଆପଣଙ୍କ ଟ୍ରଙ୍କ୍ କଲ୍ ...ନିଜ ଲୋକ ସହିତ କଥା ହୁଅନ୍ତୁ ।	Chālak—Pune pāin āpaṇanka ṭrank kal... nija loka sahita kathā huantu.
Subs—Thank you very much.	ଗ୍ରାହକ-ଆପଣଙ୍କୁ ଅଶେଷ ଧନ୍ୟବାଦ ।	Grāhak—āpaṇanku ases dhanyabād.

Subs—Hello, Yash Shah?	ଗ୍ରାହକ-ହାଲୋ, ଯଶ ଶାହ ?	Grāhak—Helo, Yash Sāh?
Yash—Speaking.	ଯଶ-କହୁଛି ।	Yash—kahuchhi.
Subs—Amit from Delhi.	ଗ୍ରାହକ-ଦିଲ୍ଲୀରୁ, ଅମିତ କହୁଛି ।	Grāhak—Dilli ru, Amit kahuchhi.
Yash—Oh! Your father was very anxious about you.	ଯଶ-ଆଚ୍ଛା ! ତୁମର ବାପା ତୁମ ବିଷୟରେ ବହୁତ ଚିନ୍ତା କରୁଥିଲେ ।	Yas—āchhā! tumara bāpā tuma bisayare bahut chintā karuthile.
Amit—I arrived here only yesterday.	ଅମିତ-ମୁଁ ଏଠାରେ କାଲି ପହଞ୍ଚିଲି ।	Amit—Mu eṭhāre kāli pahanchili.
Yash—How are all in the family? How is my sister-in law? your mother?	ଯଶ-ଘରେ ସମସ୍ତେ କେମିତି ଅଛନ୍ତି ? ମୋ ଭାଉଜ-ତୁମ ମା' କେମିତି ଅଛନ୍ତି ?	Yas—Ghare samaste kemiti achhanti? Mo bhāuja- tuma mā kemiti achhanti?
Amit—All are O.K. Where is my father?	ଅମିତ-ସମସ୍ତେ ଭଲରେ ଅଛନ୍ତି, ମୋ ବାପା କୁଆଡ଼େ ଗଲେ ?	Amit—Samaste bhalare achhanti, Mo bāpā kuāḍe gale?
Yash—He has gone to attend a literary meeting.	ଯଶ-ସେ ଗୋଟିଏ ସାହିତ୍ୟ ସମ୍ମିଳନୀକୁ ଯାଇଛନ୍ତି ।	Yas—Se goṭie sāhitya sammilani ku jāichhanti.
Amit—How is he?	ଅମିତ-ସେ କେମିତି ଅଛନ୍ତି ?	Amit—Se kemiti achhanti?
Yash—My brother? He is very well. He is busy in compiling a classified dictionary.	ଯଶ-ମୋ ଭାଇ ? ସେ ସୁସ୍ଥ-ପ୍ରଫୁଲ୍ଲିତ ଅଛନ୍ତି । ସେ ଏକ ବର୍ଗୀକୃତ ଶବ୍ଦକୋଶ ସମ୍ପାଦିତ କରିବାରେ ବ୍ୟସ୍ତ ଅଛନ୍ତି ।	Yas—Mo bhāi? Se sustha-prafullita achhanti. Se eka bargikruta sabda kosa sampādita karibāre byasta achhanti.
Amit—How is uncle?	ଅମିତ-ପିଉସା କେମିତି ଅଛନ୍ତି ?	Amit—Piusā kemiti achhanti?
Yash—Very well.	ଯଶ-ସେ ଭଲରେ ଅଛନ୍ତି !	Yas—Se bhalare

Today he has gone to Bombay.	ଆଜି ବମ୍ବେ ଯାଇଛନ୍ତି ।	āji bambe jāichhanti.
Amit—How much work is to be done yet?	ଅମିତ-ଏ ପର୍ଯ୍ୟନ୍ତ କେତେ କାମ ବାକି ଅଛି ?	Amit—E paryanta kete kāma bāki achhi?
Yash—The work is almost done. Only revision is required.	ଯଶ-କାମ ତ ପାଖାପାଖି ସରିଯାଇଛି । କେବଳ ପୁନରାବଲୋକନ କରିବାର ଅଛି ।	Yash—Kāma ta pākhāpākhi sarijāichhi. Kebala punarābalokana karibāra achhi.
Amit—Ask my father to ring me up tomorrow morning at half past six.	ଅମିତ-ମୋ ବାପାଙ୍କୁ କହିବ ଯେ ସେ କାଲି ମୋତେ ସାଢ଼େ ଛଅଟାରେ ଫୋନ୍ କରିବେ ।	Amit—Mo bāpānku kahiba je se kāli mote sāḍhe chhaṭāre fon karibe.
Yash—O.K. I shall tell him.	ଯଶ-ଠିକ୍ ଅଛି, ମୁଁ କହିଦେବି ।	Yas—ṭhik achhi, mu kahidebi.
[After concluding the talk]	(କଥାବାର୍ତ୍ତା ସମାପ୍ତ କରିବା ଦିଗରେ)	[Kathābārtā samāpta karibā digare]
Subs—Hello, Sir, my talk is finished. Would you kindly let me know the charges?	ଗ୍ରାହକ-ହାଲୋ, ମହାଶୟ ! ମୋ କଥା ସରିଯାଇଛି । ଦୟାକରି କେତେ ଟଙ୍କା କୁହନ୍ତୁ ?	Grāhak—Helo, mahāsaya! Mo kathā sarijāichhi. dayākari kete ṭankā kuhantu.
Op—Rupees Sixty, Sir.	ଚାଳକ-ଷାଠିଏ ଟଙ୍କା ମହାଶୟ ।	Chālak—Sāthie ṭankā mahāsaya!
Subs—Thank you.	ଗ୍ରାହକ-ଆପଣଙ୍କୁ ଧନ୍ୟବାଦ ।	Grāhak—āpaṇanku dhanyabād!

47TH STEP ୪୭ତମ ସୋପାନ

ABOUT A TRIP
ଭ୍ରମଣ ବାବଦରେ

Abha—Puja, have ever been to Mahabali-puram?	ଆଭା-ପୂଜା, କ'ଣ ତୁମେ କେବେ ମହାବଳିପୁରମ୍ ଯାଇଛ ?	ābhā—Pujā, kaṇ tume kebe Mahābalipuram jāichha?
Puja—No, I could not spare my time for it.	ପୂଜା-ନା, ମୁଁ ଏଥିପାଇଁ କେବେ ସମୟ ବାହାର କରିପାରି ନାହିଁ ।	Pujā—Nā, mu ethipāin kebe samaya bāhār karipāri nāhin.
Abha—Just have a short trip. It enables you to witness a charming scenery.	ଆଭା-ଟିକେ ବୁଲି-ବାଲି ଆସ । ତୁମକୁ ବହୁତ ଭଲ ଦୃଶ୍ୟ ଦେଖିବାକୁ ମିଳିବ ।	ābhā—ṭike buli-bāli āsa. Tumaku bahut bhala drusya dekhibāku miliba.
Puja—O.K. I shall go for a short visit tomorraw with my father.	ପୂଜା-ଠିକ୍ ଅଛି । କାଲି ମୁଁ ମୋ ବାପାଙ୍କ ସହିତ ଏହି ସ୍ଥାନକୁ ବୁଲିବାକୁ ଯିବି ।	Pujā—ṭhik achhi. Kāli mu mo bāpānka sahita ehi sthānaku bulibāku jibi.
[The very next day Abha asks Puja]	(ପରଦିନ ପୂଜାକୁ ଆଭା ପଚାରୁଛି)	[Paradina pujā ku ābhā pachāruchhi]
Abha—How did you like Maha-balipuram?	ଆଭା-ତୁମକୁ ମହାବଳିପୁରମ୍ କେମିତି ଲାଗିଲା ?	ābhā—Tumaku Mahābalipuram kemiti lāgilā?
Puja—It was really marvellous.	ପୂଜା-ପ୍ରକୃତରେ ଏହା ବଡ଼ ଅଦ୍ଭୁତ ଥିଲା ।	Pujā—Prakrutare ehā baḍa adbhuta thilā.

Abha—Have you not visited the sculptures by the side of the sea-shore?	ଆଭା-ସମୁଦ୍ର କୂଳରେ ଥିବା ମୂର୍ତ୍ତି ଶିଳ୍ପକୁ ତୁମେ ଦେଖିନାହଁ କି ?	ābhā—Samudra kulare thibā murtisilpa ku tume dekhināhan ki?
Puja—Indeed, I have, but I am not attracted to it by some religious faith.	ପୂଜା-ପ୍ରକୃତରେ ଦେଖିଛି । କିନ୍ତୁ ମୁଁ ସେହି ଦିଗକୁ କୌଣସି ଧାର୍ମିକ ଭାବନା ଯୋଗୁ ଆକୃଷ୍ଟ ହୋଇନାହିଁ ।	Pujā—Prakrutare dekhichhi. kintu mu sehi digaku kauṇasi dhārmika bhābanā jogu akrusṭa hoināhin.
Abha—Understand my point. You are a poet. Did you not see any work of art in the sculpture scattered around Mahabalipuram?	ଆଭା-ମୋର ଦୃଷ୍ଟିକୋଣ ବୁଝ । ତୁମେ ଜଣେ କବୟିତ୍ରୀ ଅଟ । କ'ଣ ତୁମେ ମହାବଳିପୁରମ୍ ଆଖପାଖରେ ବ୍ୟାପିଥିବା ମୂର୍ତ୍ତିଶିଳ୍ପରେ କଳାକୃତି ଦେଖିନାହଁ ?	ābhā—Mora drusṭikoṇa bujha. Tume jaṇe kabayitri aṭa.kaṇ tume mahābalipuram ākhapākhare byāpithibā murtisilpa re kalākruti dekhinähan?
Puja—There are certainly works of art and I appreciated them. I was really impressed.	ପୂଜା-ପ୍ରକୃତରେ ସେଥିରେ କଳାକୃତି ଅଛି ଏବଂ ମୁଁ ତାକୁ ପ୍ରଶଂସା କଲି । ମୁଁ ସତରେ ପ୍ରଭାବିତ ହେଲି ।	Pujā—Prakrutare sethire kalākruti achhi ebam mu tāku prasansā kali. Mu satare prabhābita heli.
Abha—Apart from this, how did you enjoy the view of the sea?	ଆଭା-ଛାଡ଼ ସେକଥା । ସମୁଦ୍ର ଦୃଶ୍ୟରୁ ତୁମେ କେତେ ଆନନ୍ଦ ଉଠାଇଲ ?	ābhā—Chhāda sekathā. Samudra drusyaru tume kete ānanda uṭhāila?
Puja—I cannot express that in words. It was marvellous indeed!	ପୂଜା-ମୁଁ ଶବ୍ଦରେ ବ୍ୟକ୍ତ କରିପାରିବି ନାହିଁ । ବାସ୍ତବରେ ଏହା ଅଦ୍ଭୁତ ଥିଲା ।	Pujā—Mu sabdare byakta karipāribi nāhin. Bāstabare ehā adbhuta thilā.

ABOUT A TOUR

ଯାତ୍ରା ବାବଦରେ

Uma—Papa, you have come back after two months. Please tell me, what places you have visited.	ଉମା-ବାପା, ଆପଣ ଦୁଇମାସ ପରେ ଫେରିଛନ୍ତି । କୁହନ୍ତୁ ନା, ଆପଣ କେଉଁ ସ୍ଥାନ ଦେଖିଛନ୍ତି ।	Umā—Bāpā, āpaṇa duimās pare ferichhanti. Kuhantu nā, āpaṇa keun sthāna dekhichhanti.
Papa— I am returning after touring the throughout India.	ବାପା-ମୁଁ ସାରା ଭାରତ ଭ୍ରମଣ କରି ଫେରିଛି ।	Bāpā—Mu sārā Bhārat bhramaṇa kari ferichhi.
Uma—Papa, where did you go first?	ଉମା-ବାପା, ପ୍ରଥମେ ଆପଣ କେଉଁଠାକୁ ଗଲେ ?	Umā-Bāpā, prathame āpaṇa keuṭhāku gale?
Papa—First of all, I went to Delhi. Delhi is the Capital of India.	ବାପା-ସର୍ବପ୍ରଥମେ ମୁଁ ଦିଲ୍ଲୀ ଗଲି । ଦିଲ୍ଲୀ ଭାରତର ରାଜଧାନୀ ଅଟେ ।	Bāpā-Sarbaprathame mu Dilli gali. Dilli Bhārata ra rājdhāni aṭe.
Uma—What did you see in Delhi?	ଉମା-ଆପଣ ଦିଲ୍ଲୀରେ କ'ଣ ଦେଖିଲେ ?	Umā—āpaṇa Dilli re kaṇ dekhile?
Papa—In Old Delhi I saw the Red Fort. I visited the Central Secretariat, the Birla Mandir and the Qutub Minar in New Delhi.	ବାପା-ମୁଁ ପୁରୁଣା ଦିଲ୍ଲୀରେ ଲାଲକିଲ୍ଲା ଦେଖିଲି । ନୂଆଦିଲ୍ଲୀରେ କେନ୍ଦ୍ରୀୟ ସଚିବାଳୟ, ବିରଳା ମନ୍ଦିର ଏବଂ କୁତବ ମୀନାର ଦେଖିଲି ।	Bāpā—Muṅ puruṇā Dilli re lālkillā dekhili. Nuādilli re kendriya sachibālaya, biralā mandira ebam kutab minar dekhili.
Uma—Where did you go afterward?	ଉମା-ତା ପରେ ଆପଣ କେଉଁଠାକୁ ଗଲେ ?	Umā—Tā pare āpaṇa keuṭhāku gale?
Papa—After that I went to Bombay. Bombay	ବାପା-ପୁଣି ମୁଁ ବମ୍ବେ ଗଲି । ବମ୍ବେ ଭାରତର ସବୁଠୁ ବଡ଼ ବନ୍ଦର ଅଟେ ।	Bāpā—Puṇi mu Bambe gali. Bambe Bhārat

is the biggest port of India.		ra sabuthu bada bandara ate.
Uma—Then you must have seen the sea and big ships also.	ଉମା-ତେବେ ତ ଆପଣ ସମୁଦ୍ର ଏବଂ ବଡ଼-ବଡ଼ ଜାହାଜ ଦେଖିଥିବେ !	Umā—Tebe ta āpana samudra ebam baḍa-baḍa jāhāja dekhithibe.
Papa—Yes, I have seen many ships.	ବାପା-ହଁ, ମୁଁ ଅନେକ ଜାହାଜ ଦେଖିଲି ।	Bāpā—Han, mu anek jāhāja dekhili.
Uma—Papa, did you not go to Agra?	ଉମା-ବାପା, ଆପଣ ଆଗ୍ରା ଯାଇନାହାନ୍ତି କି ?	Umā—Bāpā, āpaṇa āgrā jāināhānti ki?
Papa—Oh yes, I went to Agra also and visited the Taj, and dropped at Mathura too, for a day.	ବାପା-ଆରେ ହଁ, ମୁଁ ଆଗ୍ରା ମଧ୍ୟ ଗଲି ଏବଂ ତାଜମହଲ ଦେଖିଲି ଓ ଗୋଟିଏ ଦିନ ପାଇଁ ମଥୁରାରେ ରହିଲି ।	Bāpā—āre han, mu āgrā madhya gali ebam Tāj mahal dekhili, o gotie dina pāin mathurāre rahili.
Uma—Will you please point out on the map the places you visited, papa?	ଉମା-ବାପା, କ'ଣ ଆପଣ ମାନଚିତ୍ର ଉପରେ ସେହି ସ୍ଥାନଗୁଡ଼ିକୁ ଦେଖାଇ ପାରିବେ ଯାହା ଆପଣ ଦେଖିଛନ୍ତି ?	Umā—Bapa, kaṇ āpaṇa mānchitra upare sehi sthānagudiku dekhāi pāribe jāhā āpaṇa dekhichhanti?
Papa—Why not, my child, bring the map. I will show you everything.	ବାପା-କାହିଁକି ନୁହେଁ ଝିଅ, ତୁମ ମାନଚିତ୍ର ଆଣ । ମୁଁ ତୁମକୁ ସବୁକିଛି ଦେଖାଇବି ।	Bāpā—Kāhiki nuhen jhia, tuma mānachitra āṇa. Muā tumaku sabukichhi dekhāibi.
Uma—Thank you Papa.	ଉମା-ଧନ୍ୟବାଦ ବାପା ।	Umā—Dhanyabād bāpā.
Papa—O.K. my child.	ବାପା-ଠିକ୍ ଅଛି, ମୋ ଗେହ୍ଲାଝିଅ ।	Bāpā—thik achhi, mo gelhājhia.

•••

48TH STEP ୪୮ତମ ସୋପାନ

THE VILLAGER & THE URBANITE

ଗ୍ରାମୀଣ ଏବଂ ସହରୀ

Urbaninte—How are you! I am seeing you after a very long time.	ସହରୀ-ଆପଣ କେମିତି ଅଛନ୍ତି ! ମୁଁ ଆପଣଙ୍କୁ ବହୁତ ଦିନ ପରେ ଦେଖୁଛି ।	Sahari-āpaṇa kemiti achhanti! Mu āpaṇanku bahut dina pare dekhuchhi.
Villager—Yes friend, I have come here on a particular business and will return back this night.	ଗ୍ରାମୀଣ-ହଁ ମିତ୍ର, ମୁଁ ଏଠାକୁ ଏକ ବିଶେଷ କାମରେ ଆସିଛି ଏବଂ ଆଜି ରାତିରେ ଫେରିଯିବି ।	Grāmin—Han Mitra, mu eṭhāku eka bises kāmare āsichhi ebam āji rātire ferijibi.
Urbanite—Why so soon? Do you hesitate to stay in towns?	ସହରୀ-ଏତେ ଶୀଘ୍ର କାହିଁକି ? କ'ଣ ଆପଣ ସହରରେ ରହିବାକୁ ଇଚ୍ଛା କରୁନାହାନ୍ତି ?	Sahari—Ete sighra kāhiki? Kaṇ āpaṇa saharare rahibāku ichhā karunāhānti?
Villager—Yes gentleman, I don't like town at all. I do not find any pleasure in the filthy atmosphere of the towns. Hustle and bustle irritates me.	ଗ୍ରାମୀଣ-ହଁ ମହାଶୟ, ମତେ କଦାପି ପସନ୍ଦ ନୁହେଁ । ମୋତେ ସହରର ଅଳିଆ ବାତାବରଣରେ ଭଲ ଲାଗେନାହିଁ । ଭିଡ଼-କୋଳାହଳ ଯୋଗୁ ମତେ ବିରକ୍ତ ଲାଗେ ।	Grāmin—Han Mahāsaya, mate kadāpi pasand nuhen. Mote saharara aliā bātābaraṇa re bhala lāgenāhin. Bhiḍa-kolāhala jogu mate birakta lāge.

Urbanite—Wonder! How can you enjoy life without hustle and bustle? I would not bear the calmness and silence of the village. It would make me mad.	ସହରୀ-ଆଶ୍ଚର୍ଯ୍ୟ ! ଆପଣ ଭିଡ଼ ବିନା ଜୀବନର ଆନନ୍ଦ କେମିତି ନିଅନ୍ତି ? ମୁଁ ତ ଗାଁର ଶାନ୍ତି ଏବଂ ନୀରବତାକୁ ସହି ପାରିବି ନାହିଁ । ସେଠିରେ ମୁଁ ପାଗଳ ହୋଇଯିବି ।	Sahari—āscharya! āpaṇa bhiḍa binā jibanara ānanda kemiti nianti? Mu ta gān ra sānti ebam nirabatāku sahi pāribi nāhin. Sethire mu pāgala hoijibi.
Villager—Every-man has his own attitude, but I much love the rural beauty.	ଗ୍ରାମୀଣ-ପ୍ରତ୍ୟେକ ବ୍ୟକ୍ତିର ନିଜସ୍ୱ ଦୃଷ୍ଟିକୋଣ ଥାଏ । କିନ୍ତୁ ମୁଁ ଗ୍ରାମୀଣ ସୌନ୍ଦର୍ଯ୍ୟକୁ ଅଧିକ ଭଲପାଏ ।	Grāmiṇ—Pratyeka byaktira nijaswa drusṭikoṇa thāe. Kintu mu grāmiṇ saundaryaku adhika bhalapae.
Urbanite—Are you getting something of this modern age in your village?	ସହରୀ-କ'ଣ ଆପଣ ଏହି ଆଧୁନିକ ଯୁଗର କିଛି ଜିନିଷ ଆପଣଙ୍କ ଗାଁରେ ପାଆନ୍ତି ?	Sahari—Kaṇ āpaṇa ehi ādhunika jugara kichhi jinisa āpaṇanka gān re pānti?
Villager—The thing which can be gotten in the village can never be gotten in the town.	ଗ୍ରାମୀଣ-ଯେଉଁ ଜିନିଷ ଗାଁରେ ମିଳିପାରିବ ତାହା ସହରରେ କଦାପି ନୁହେଁ ।	Grāmiṇ—Jeun jinisa gānre milipāriba tāhā saharare kadāpi nuhen.
Urbanite—Oh! Do you want to live in quiet atmosphere alone? Will your life not be dull without cinema, sports	ସହରୀ-ଓହ ! କ'ଣ ଆପଣ ଶାନ୍ତ ବାତାବରଣରେ ଏକୁଟିଆ ରହିବାକୁ ଚାହୁଁଛନ୍ତି ? ଆପଣଙ୍କ ଜୀବନ ସିନେମା, ଖେଳକୁଦ ଏବଂ ଅନ୍ୟ ସାମାଜିକ ଗତିବିଧି ବିନା ନୀରସ ହୋଇଯିବନି ?	Sahari—Oh! Kaṇ āpaṇa sānta bātābaraṇa re ekuṭiā rahibāku chāhuchhanti? apaṇanka jibana sinema, khela-kuda ebam anya

and other social activities?		sāmājika gatibidhi binā nirasa hoi-jibani?
Villager—I think that will be much better. Of course the town had made the human life a machine.	ଗ୍ରାମୀଣ-ମୋର ମତ ହେଉଛି, ତାହା ଅପେକ୍ଷାକୃତ ଭଲ ହେବ । ନିଃସନ୍ଦେହ ସହର ମାନବ ଜୀବନକୁ ଯନ୍ତ୍ର କରିଦେଇଛି ।	Grāmiṇ—Mora mata heuchhi, tāhā apeksākruta bhala heba. Ni:sandeh sahar mānaba jibanaku jantra karideichhi.
Urbanite—But can a nation prosper without its great cities?	ସହରୀ-କିନ୍ତୁ କୌଣସି ରାଷ୍ଟ୍ର କଣ ବିନା ବଡ଼ ସହରରେ ଉନ୍ନତି କରିପାରିବ ?	Sahari—Kintu kauṇasi rāstra kaṇ binā baḍa saharare unnati karipāriba?
Villager—But never forget that the foundation of our nation really lies on its village. Without the improvement of the village, the nation cannot progress.	ଗ୍ରାମୀଣ-କିନ୍ତୁ ଏହା ଭୁଲନ୍ତୁ ନାହିଁ ଯେ ଆମ ରାଷ୍ଟ୍ରର ମୂଳଦୁଆ ଆମ ଗାଁ ଉପରେ ଠିଆ ହୋଇଛି । ଗାଁର ଦଶା ନ ସୁଧାରି ରାଷ୍ଟ୍ର ଉନ୍ନତି କରିପାରିବ ନାହିଁ ।	Grāmiṇ—Kintu ehā bhulantu nāhin je āma rāstrara muladuā āma gān upare ṭhiā hoichhi. Gān ra dasā na sudhāri rāsṭra unnati karipāriba nāhin.
Urbanite—I admit it, but I don't think of leaving the cities.	ସହରୀ-ମୁଁ ଏହାକୁ ସ୍ୱୀକାର କରୁଛି, କିନ୍ତୁ ମୁଁ ସହରକୁ ଛାଡ଼ିବା କଥା ଭାବି ପାରିବି ନାହିଁ ।	Sahari—Mu ehāku swikār karuchhi, kintu mu sahara ku chhāḍibā kathā bhābi pāribi nāhin.
Villager—Thank you for the pleasant talk. Now	ଗ୍ରାମୀଣ-ଭଲ କଥାବାର୍ତ୍ତା ପାଇଁ ଆପଣଙ୍କୁ ଧନ୍ୟବାଦ ! ଏବେ ମୁଁ ତରବରିଆ ଅଛି ।	Grāmiṇ—Bhala kathābārtā pāin āpananku

I am in a hurry. We shall talk again whenever we find time. Good bye.	ଯେତେବେଳେ ସମୟ ମିଳିବ, ଆମେ ପୁଣି କଥା ହେବା । ଆଚ୍ଛା ଆସୁଛି ।	dhanyabād. Ebe mu tarabariā achhi. Jetebele samaya miliba, āme puṇi kathā hebā. āchhā āsuchhi.
Urbanite—Bye-bye. See you again.	ସହରୀ-ଆଚ୍ଛା, ବିଦାୟ ! ପୁଣି ଦେଖାହେବ ।	Sahari—āchchhā bidāya! Puni dekhāheba.

•••

49TH STEP ୪୯ତମ ସୋପାନ

THE DOCTOR & THE PATIENT
ଡାକ୍ତର ଏବଂ ରୋଗୀ

Patient—Good morning, doctor! Can you spare me a few minutes?	ରୋଗୀ-ନମସ୍କାର ଡାକ୍ତର ବାବୁ! କ'ଣ ଆପଣ ମୋ ପାଇଁ କିଛି ସମୟ ଦେଇପାରିବେ ?	Rogi—Namaskār ḍāktar bābu! Kaṇ āpaṇa mo pāin kichhi samaya deipāribe?
Doctor—Why not? Sit down... Now, tell me what is wrong with you?	ଡାକ୍ତର-କାହିଁକି ନୁହେଁ ? ବସନ୍ତୁ... ଏବେ କୁହନ୍ତୁ, ଆପଣଙ୍କର କ'ଣ ହୋଇଛି ?	ḍāktar—Kāhiki nuhen? Basantu... ebe kuhantu, āpanankara kaṇ hoichhi?
Patient—I have lost my	ରୋଗୀ-ମୋର ଭୋକ ମରି ଯାଇଛି । ମୋର ସବୁବେଳେ	Rogi—Mora bhoka mari jaichhi.

appetite. I am always suffering from indigestion. And what is worse, I cannot sleep well at night.	ବଦହଜମୀ ହେଉଛି । ଏବଂ ସବୁଠାରୁ ଖରାପ କଥା ହେଉଛି ଯେ ମୁଁ ରାତିରେ ଶୋଇ ପାରୁନାହିଁ ।	Mora sabubele badahazmi heuchhi. Ebam sabuṭhāru kharāp kathā heuchhi je mu rātire soi pārunāhin.
Doctor—I see. What are you?	ଡାକ୍ତର-ଓହ, ଏହି କଥା । ଆପଣ କ'ଣ କରୁଛନ୍ତି ?	ḍāktar—Oh, ehi kathā. āpaṇa kaṇ karuchhanti?
Patient—I am a senior proof reader in a well established printing press. I have to work long hours on my seat.	ରୋଗୀ-ମୁଁ ବରିଷ୍ଠ ପ୍ରୁଫ୍ ରିଡର୍ ଅଛି- ଏକ ପ୍ରତିଷ୍ଠିତ ଛାପାଖାନାରେ । ମୋତେ ଚେୟାର ଉପରେ ବସି ଘଣ୍ଟା-ଘଣ୍ଟା କାମ କରିବାକୁ ପଡ଼େ ।	Rogi—Mu bariṣṭha pruf riḍar achhi- eka pratiṣṭhita chhāpākhānāre. mote cheyār upare basi ghanṭā-ghanṭā kāma karibāku paḍe.
Doctor—Are you habitual of evening walk?	ଡାକ୍ତର-ଆପଣ କ'ଣ ସାନ୍ଧ୍ୟ ଭ୍ରମଣ କରନ୍ତି ?	Dāktar—āpaṇa kaṇ sāndhya bhramaṇa karanti?
Patient—No doctor, I do not go for a walk in the evening. I feel very tired when I get home, I simply take my food and go to bed.	ରୋଗୀ-ନା ଡାକ୍ତରବାବୁ ! ମୁଁ ସନ୍ଧ୍ୟାରେ ଭ୍ରମଣ କରେ ନାହିଁ । ମୁଁ ଯେତେବେଳେ ଘରେ ପହଞ୍ଚେ ତେବେ ମୁଁ ବହୁତ ଥକି ଯାଇଥିବା ଅନୁଭବ କରେ । ବାସ୍, ତାପରେ ଖାଦ୍ୟ ଖାଏ ଏବଂ ଖଟ ଉପରେ ଶୋଇପଡ଼େ ।	Rogi—Nā, ḍāktar bābu! Mu sandhyāre bhramaṇa kare nāhin. Mu jetebele ghare pahanche tebe mu bahut thaki jāithibā anubhab kare. Bās tāpare khādya khāe ebam khaṭa upare śoipaḍe.

Doctor—As I think, your troubles are due to your indisciplined life. Take a rest and do proper physical labour.	ଡାକ୍ତର-ମୋ ହିସାବରେ ତୁମ ଚିନ୍ତାର ମୂଳ କାରଣ ହେଉଛି ତୁମର ବ୍ୟସ୍ତ ଜୀବନ । ଆରାମ କରନ୍ତୁ ଏବଂ ନିୟମିତ ଶାରୀରିକ ଶ୍ରମ କରନ୍ତୁ ।	Dāktar—Mo hisābre tuma chintā ra mula kāraṇa heuchhi tumara byasta jiban. ārām karantu ebam niyamita śāririk śrama karantu.
Patient—I agree with you. I could not get any leave for a long time.	ରୋଗୀ-ମୁଁ ଆପଣଙ୍କ କଥାରେ ଏକମତ । ମୁଁ ବହୁ ଦିନରୁ କୌଣସି ଛୁଟି ପାଇ ପାରିନାହିଁ ।	Rogi—Mu āpaṇanka kathāre ekamat. Mu bahu dinaru kauṇasi chhuṭi pāi pārināhin.
Doctor—Well. I advise you to go to the country-side for some days. Rest in the open air, keeping the doors open. Take a walk in the morning and the evening. Improve your diet. Be regular in rest and sleep. I think by following these instructions you will be all right in a very short period.	ଡାକ୍ତର-ଆଚ୍ଛା, ତେବେ ମୁଁ ଆପଣଙ୍କୁ ପରାମର୍ଶ ଦେବି ଯେ ଆପଣ କିଛି ସମୟ ପାଇଁ ଗ୍ରାମାଞ୍ଚଳକୁ ଯାଆନ୍ତୁ । କବାଟ ଖୋଲା ରଖି ଖୋଲା ପବନରେ ଆରାମ କରନ୍ତୁ । ସକାଳେ ଏବଂ ସନ୍ଧ୍ୟାରେ ଭ୍ରମଣ କରନ୍ତୁ । ନିଜ ଖାଦ୍ୟକୁ ବ୍ୟବସ୍ଥିତ ରଖନ୍ତୁ । ନିୟମିତ ଶୁଅନ୍ତୁ ଏବଂ ବିଶ୍ରାମ ନିଅନ୍ତୁ । ମୁଁ ଭାବୁଛି ଏହି ନିର୍ଦ୍ଦେଶଗୁଡ଼ିକୁ ମାନି ଆପଣ କମ୍ ସମୟ ଭିତରେ ସମ୍ପୂର୍ଣ୍ଣ ସୁସ୍ଥ ହୋଇଯିବେ ।	Dāktar—āchchhā, tebe mu āpaṇanku parāmarsa debi je āpaṇa kichhi samaya pāin grāmānchalaku jāntu. Kabāṭa kholā rakhi kholā pabanare ārām karantu. Sakāle ebam sandhyāre bhramaṇa karantu. Nija khādyaku byabasthita rakhantu. Niyamita śuantu ebam biśrāma niantu. Mu bhābuchhi ehi nirdeśa guḍiku māni āpaṇa kam

		samaya bhitare sampurna sustha hoijibe.
Patient—Thank you, doctor! I shall follow your instructions positively. Thanks!	ରୋଗୀ-ଧନ୍ୟବାଦ, ଡାକ୍ତର ! ମୁଁ ଆପଣଙ୍କ ନିର୍ଦ୍ଦେଶ ଗୁଡ଼ିକୁ ନିଶ୍ଚୟ ପାଳନ କରିବି । ଧନ୍ୟବାଦ !	Rogi—Dhanyabād, ḍāktar! Mu āpaṇanka nirdeśaguḍiku niśchaya pālana karibi. dhanyabād!
Doctor—Please visit me after ten days. I think you will improve.	ଡାକ୍ତର-ଦଶ ଦିନ ପରେ ଆସିବେ । ମୋ ମତରେ, ଆପଣଙ୍କ ସ୍ୱାସ୍ଥ୍ୟରେ ଉନ୍ନତି ହୋଇଥିବ ।	Dāktar—Daś dina pare āsibe. Mo matare, āpaṇanka swāsthyare unnati hoithiba.

•••

50TH STEP ୫୦ତମ ସୋପାନ

SELF-INTRODUCTION
ଆତ୍ମପରିଚୟ

1. My name is Shahnaz.	ମୋ ନାମ ଶେହନାଜ ।	Mo nāma śehnāz.
2. I am an Indian and I live in Pune.	ମୁଁ ଭାରତୀୟ ଅଟେ ଏବଂ ପୁନେ ରେ ରହୁଛି ।	Mu bhāratiya aṭe ebam pune re rahuchhi.
3. I am 17 years old.	ମୋର ବୟସ ୧୭ ବର୍ଷ ଅଟେ ।	Mora bayasa 17 barsa aṭe.
4. I am a virgin.	ମୁଁ କୁମାରୀ ଅଟେ ।	Mu kumārī aṭe.
5. I am a student and studying in 10th class.	ମୁଁ ଛାତ୍ରୀ ଅଟେ ଏବଂ ଦଶମ ଶ୍ରେଣୀରେ ପଢୁଛି ।	Mu chhātrī aṭe ebam daśama śreṇīre paḍhuchhi.
6. My father is senior	ମୋ ବାପା ପି.ଏମ୍.ଟି.	Mo bāpā pi.em.ṭi.

	officer in P.M.T.	ରେ ବରିଷ୍ଠ ଅଧିକାରୀ ଅଛନ୍ତି ।	re barisṭha adhikāri achhanti.
7.	I have two brothers and three sisters.	ମୋର ଦୁଇଭାଇ ଏବଂ ତିନି ଭଉଣୀ ଅଛନ୍ତି ।	Mora duibhāi ebam tini bhauṇī achhanti.
8.	My elder brother is an engineer.	ମୋ ଭାଇ ଯନ୍ତ୍ରୀ ଅଛନ୍ତି ।	Mo bhāi jantri achhanti.
9.	My younger brother is kind hearted.	ମୋ ଛୋଟ ଭାଇ ଦୟାଳୁ ହୃଦୟର ଅଟେ ।	Mo chhota bhāi dayalu hrudayara aṭe.
10.	Minaz, Gulnar and Dilshad are my younger sisters.	ମିନାଜ, ଗୁଲନାର ଏବଂ ଦିଲଶାଦ ହେଉଛନ୍ତି ମୋର ଛୋଟ ଭଉଣୀ ।	Mināz, Gulnār ebam Dilsād heuchhanti mora chhoṭa bhauṇi.
11.	They are more intelligent than me.	ସେମାନେ ମୋ ଠାରୁ ଅଧିକ ବୁଦ୍ଧିମତୀ ।	Semāne mo ṭhāru adhika buddhimati.
12.	My aim in life is to be a scientist.	ମୋ ଜୀବନର ଉଦ୍ଦେଶ୍ୟ ହେଉଛି ବୈଜ୍ଞାନିକ ହେବା ।	Mo jibanara uddesya heuchhi baigyānika hebā.
13.	I go to school by bicycle.	ମୁଁ ବିଦ୍ୟାଳୟକୁ ସାଇକଲ୍‌ରେ ଯାଏ ।	Mu bidyālayaku sāikal re jāe.
14.	I get up somewhat late in the morning.	ମୁଁ ସକାଳେ ଟିକେ ଡେରିରେ ଉଠେ ।	Mu sakāle ṭike derire uṭhe.
15.	I know, this is a bad habit.	ମୁଁ ଜାଣେ, ଏହା ଖରାପ ଅଭ୍ୟାସ ଅଟେ ।	Mu jāṇe, ehā kharāp abhyāsa aṭe.
16.	I am ashamed of it.	ଏଥିପାଇଁ ମୁଁ ଲଜ୍ଜିତ ଅଟେ ।	Ethipāin mu lajjita aṭe.
17.	Really, I am helpless.	ବାସ୍ତବରେ, ମୁଁ ଅସହାୟ ଅଟେ ।	Bāstabare, mu asahāya aṭe.
18.	I intend to improve my habit.	ମୁଁ ମୋ ସ୍ୱଭାବ ସୁଧାରିବାକୁ ଚାହୁଁଛି ।	Mu mo swabhāba sudhāribāku chāhuchhi.
19.	I hope, I will overpower it.	ମୋର ଆଶା ଅଛି, ମୁଁ ଏହାକୁ ସୁଧାରିନେବି ।	Mora āsā achhi, mu ehāku sudhārinebi.
20.	I seek the help of my family members to eradicate this bad habit.	ଏହି ଖରାପ ଅଭ୍ୟାସକୁ ଦୂର କରିବା ପାଇଁ ମୁଁ ମୋ ପରିବାର ସଦସ୍ୟଙ୍କ ସାହାଯ୍ୟ ନେବାକୁ ଚାହୁଁଛି ।	Ehi kharāp abhyāsaku dura karibā pāin mu mo paribāra sadasya nka sāhājya nebāku chāhuchhi.
21.	I take a bath and	ମୁଁ ସ୍ନାନ କରେ ଏବଂ	Mu snāna kare ebam

thank God for his grace.	ଭଗବାନଙ୍କ ଦୟା ପାଇଁ ତାଙ୍କୁ ଧନ୍ୟବାଦ ଜଣାଏ ।	bhagabānanka dayā pāin tānku dhanyabād janāe.
22. I have some pen friends too.	ମୋର କିଛି ଚିଠି-ବନ୍ଧୁ ମଧ୍ୟ ଅଛନ୍ତି ।	Mora kichhi chiṭhi-bandhu madhya achhanti.
23. I write to them now and then.	ମୁଁ ସେମାନଙ୍କୁ ଯେକୌଣସି ସମୟରେ ଚିଠି ଲେଖେ ।	Mu semānanku jekauṇasi samayare chiṭhi lekhe.
24. I respect my elders and love those who are younger.	ମୁଁ ବଡ଼ମାନଙ୍କୁ ସମ୍ମାନ ଦେଖାଏ ଏବଂ ଛୋଟ ମାନଙ୍କୁ ସ୍ନେହ କରେ ।	Mu baḍa mānanku sammān dekhāe ebam chhoṭa mānanku sneha kare.
25. My mother-tongue is Marathi, but I know Hindi also.	ମୋ ମାତୃଭାଷା ମରାଠୀ ଅଟେ, କିନ୍ତୁ ମୁଁ ହିନ୍ଦୀ ମଧ୍ୟ ଜାଣେ ।	Mo mātrubhāsā maraṭhi aṭe, kintu mu Hindi madhya jāne.
26. I shall stay in Delhi for two days more.	ମୁଁ ଦିଲ୍ଲୀରେ ଆହୁରି ଦୁଇଦିନ ରହିବି ।	Mu Dilli re āhuri duidina rahibi.
27. I will visit Red Fort, Qutab Minar. Jama Masjid, Dargah-e-Nizamuddin and Birla Mandir.	ମୁଁ ଲାଲକିଲ୍ଲା, କୁତବ ମୀନାର, ଜାମା ମସ୍‌ଜିଦ, ନିଜାମୁଦ୍ଦିନ ଦରଘା ଏବଂ ବିରଳା ମନ୍ଦିର ଯିବି ।	Mu lālkillā, kutab minār, jāmā masjid, nizamuddin darghā ebam birla mandira jibi.
28. First of all, I am an Indian. I love all my countrymen.	ସର୍ବପ୍ରଥମେ ମୁଁ ଭାରତୀୟ ଅଟେ । ମୁଁ ମୋର ସମସ୍ତ ଦେଶବାସୀଙ୍କୁ ଭଲପାଏ ।	Sarba prathame mu bhāratiya ate. Mu mora samasta desa-bāsinku bhalapāe.
29. I want to be a useful citizen of my nation.	ମୁଁ ମୋ ଦେଶ ପାଇଁ ଜଣେ ଲାଭଦାୟକ ନାଗରିକ ହେବାକୁ ଚାହୁଁଛି ।	Mu mo desa pāin jaṇe lābhadāyak nāgarika hebāku chahuchhi.
30. I shall go to England for further studies this year.	ମୁଁ ଏହି ବର୍ଷ ପଢ଼ିବା ପାଇଁ ଇଂଲଣ୍ଡ ଯିବି ।	Mu ehi barsa paḍhiba pain England jibi.
31. I don't believe in formality.	ମୁଁ ବାହ୍ୟାଚାରରେ ବିଶ୍ୱାସ କରେନାହିଁ ।	Mu bahyachāra re biswās karenāhin.

32. I cordially thank you very much for your hospitality.	ଆପଣଙ୍କ ଆତିଥ୍ୟ ପାଇଁ ମୁଁ ଆପଣଙ୍କୁ ହୃଦୟରୁ ଧନ୍ୟବାଦ ଜଣାଉଛି ।	āpaṇanka ātithya pāin muā āpaṇanku hrudayaru dhanyabād janāuchhi.
33. Finally, I hope you will overlook my faults.	ଅନ୍ତତଃ ମୋର ବିଶ୍ୱାସ ଅଛି ଯେ ଆପଣ ମୋର ଭୁଲ୍‌ଗୁଡ଼ିକୁ କ୍ଷମା କରିବେ ।	Antath, mora biśwās achhi je āpaṇa mora bhulguḍiku kṣamā karibe.
34. I wish to be always sincere to everyone.	ମୁଁ ସର୍ବଦା ପ୍ରତ୍ୟେକଙ୍କ ପ୍ରତି ସଚ୍ଚୋଟ ରହିବାକୁ ଚାହୁଁଛି ।	Muā sarbadā prateka nka prati sachchoṭ rahibāku chāhuchhi.

•••

IDIOMS & PROVERS

ରୂଢ଼ି ଏବଂ ଲୋକକଥା

IDIOMS ରୂଢ଼ି

1. ଅନ୍ଧର ଲଉଡ଼ି — Andhara lauḍi — The only support.
   ପ୍ରୟୋଗ-ବୁଢ଼ା ମାତା-ପିତାଙ୍କ ପାଇଁ ତାଙ୍କ ପୁଅ ହିଁ ଅନ୍ଧର ଲଉଡ଼ି ।
2. ନିର୍ବୋଧ — Nirbodha — Idiot.
   ପ୍ରୟୋଗ-ସେ ତ ନିର୍ବୋଧ, ତା ଠାରୁ କିଛି ଆଶା ରଖନାହିଁ ।
3. କୁବୁଦ୍ଧି ପଶିବା — Kubuddhi paśibā — To be befooled.
   ପ୍ରୟୋଗ-ସୁରେଶ ମୁଣ୍ଡରେ କୁବୁଦ୍ଧି ପଶିଛି, ସେଥିପାଇଁ ତ ସେ ନିଜର ସବୁକିଛି ହରାଇଦେଲା ।
4. ଆତ୍ମ-ବଡ଼ିମା ଗାଇବା — ātma baḍimā gāibā — To do self-praise.
   ପ୍ରୟୋଗ- କିଛି କରିବ ନା ଏମିତି ଆତ୍ମ-ବଡ଼ିମା ଗାଇ ଚାଲୁଥିବ ।
5. ବାଟ ଚାହିଁବା — Bāṭa chāhiābā — To given warm welcome.
   ପ୍ରୟୋଗ-ବରକୁ ସ୍ୱାଗତ କରିବା ପାଇଁ ଲୋକେ ବାଟ ଚାହିଁ ରହିଥିଲେ ।
6. ଆଖିର ତାରା — ākhira tārā — Very lovely.
   ପ୍ରୟୋଗ-ଶିଶୁମାନେ ନିଜ ମାତା-ପିତାଙ୍କ ଆଖିର ତାରା ହୋଇଥାନ୍ତି ।
7. ଆଖିର କଣ୍ଟା — ākhira kanṭā — Eye-sore.
   ପ୍ରୟୋଗ- କେଶବ ଏବେ ବିକାଶକୁ ଦେଖିପାରୁ ନାହିଁ, ସେ ତା ପାଇଁ ଆଖିର କଣ୍ଟା ସାଜିଛି ।
8. ଆକାଶ-ପାତାଳ ଏକ କରିବା — ākāś pātāḷa ek karibā — A world a difference.

ପ୍ରୟୋଗ- ନିଜ ହଜିଲ ପୁଅକୁ ଖୋଜିବାରେ ରାମ ଆକାଶ ପାତାଳ ଏକ କରିଦେଲେ ।

9. ଘର ଢିଙ୍କି କୁମ୍ଭୀର — Ghara ḍhinki kumbhīra — A wolf in sheep's clothing.

ପ୍ରୟୋଗ-ରାବଣ ବିଭୀଷଣଙ୍କୁ ଘର ଢିଙ୍କି କୁମ୍ଭୀର ବୋଲି ଭାବୁଥିଲା ।

10. ମାଟିରେ ମିଶାଇବା — Mātire miśāibā — To destroy completely.

ପ୍ରୟୋଗ-ହନୁମାନ, ଲଙ୍କାର ଅଶୋକ ବାଟିକାକୁ ମାଟିରେ ମିଶାଇଦେଇଥିଲେ ।

11. ଉଦିଆ ତାରା — Udiā tārā — Rare visits.

ପ୍ରୟୋଗ-ଦେବେନ୍ଦ୍ର ତୁମେ ତ ଉଦିଆ ତାରା ହୋଇଗଲଣି । ଆଜିକାଲି କେଉଁଠି ରହୁଛ ?

12. ଅଙ୍ଗୁଳି ଉଠାଇବା — Anguli uṭhāibā — To find fault.

ପ୍ରୟୋଗ-ଚରିତ୍ରହୀନ ବ୍ୟକ୍ତି ଆଡ଼କୁ ସମସ୍ତେ ଅଙ୍ଗୁଳି ଉଠାନ୍ତି ।

13. ଗୋଦର କୋଡ଼େ ଯେତେ ମାଡ଼େ ସେତେ — Godara koḍe jete māḍe sete — To carry coal to Newcastle.

ପ୍ରୟୋଗ-ଗୋଦର କୋଡ଼େ ଯେତେ ମାଡ଼େ ସେତେ ନୀତିରେ ତୁମର ଉନ୍ନତି ହେବନାହିଁ ।

14. ଉଣେଇଶ-ବିଶ ଫରକ — Uneiś-biś farak — A little difference.

ପ୍ରୟୋଗ-ଦୁଇ ବନ୍ଧୁଙ୍କ ସ୍ୱଭାବରେ ଉଣେଇଶ-ବିଶ ଫରକ ଅଛି ।

15. ଧୂଆ ମୂଳା ଅଧୂଆ ମୂଳା ସବୁ ସମାନ — Dhūā mūḷā adhūā mūḷā sabu samān — To treat good and bad in the same way.

ପ୍ରୟୋଗ-ସମସ୍ତଙ୍କୁ ଧୂଆ ମୂଳା ଅଧୂଆ ମୂଳା ସବୁ ସମାନ ଭଳି ଦେଖିବା ଠିକ୍ ନୁହେଁ ।

16. ମୁଣ୍ଡରୁ ବାଳ ଉପୁଡ଼ିବା — Munḍaru bāḷa upuḍibā — To work hard.

ପ୍ରୟୋଗ- ଦିନ ରାତି ଖଟି ଖଟି ତାଙ୍କ ମୁଣ୍ଡରୁ ବାଳ ଉପୁଡ଼ି ଗଲାଣି ।

17. ଗୋବର ଗଣେଶ — Gobara gaṇeś — Dummy.

ପ୍ରୟୋଗ- ସେ ଗୋଟେ ଗୋବର ଗଣେଶ, ତା'ଦେଇ କିଛି ହେବନି ।

18. ଖେଳଘର — Kheḷaghara — An easy job.

ପ୍ରୟୋଗ- ସୈନିକ ଜୀବନ ବିତାଇବା କୌଣସି ଖେଳଘର ନୁହେଁ ।

19. ଜୀବନର ବାଜି ଲଗାଇବା — Jībanara bāji lagāibā — To die in the battle-field.

ପ୍ରୟୋଗ- ଦେଶରକ୍ଷା ପାଇଁ ସୈନିକମାନେ ନିଜ ଜୀବନର ବାଜି ଲଗାଇଥା'ନ୍ତି ।

20. ପୁରୁଣା ଘା' ଉଖାରିବା — Puruṇā ghā ukhāribā — To rip up old sores.

ପ୍ରୟୋଗ-ପୁରୁଣା ଘା' ଉଖାରି ଲାଭ କ'ଣ ! ବିତି ଯାଇଥିବା କଥାଗୁଡ଼ିକୁ ଭୁଲିଯିବା ଉଚିତ ।

21. ଘିଅ ଦୀପ ଜାଳିବା | Ghia dīpa jālibā | To show great pleasure.

ପ୍ରୟୋଗ- କୁଖ୍ୟାତ ଡାକୁ ମରିଯିବା ପରେ ଗ୍ରାମବାସୀମାନେ ଘରେ ଘରେ ଘିଅ ଦୀପ ଜାଳିଲେ

22. କଟା ଘା'ରେ ଚୂନ | Kaṭā Ghāre Chūna | To add insult to injury.

ପ୍ରୟୋଗ- ମୁଁ ପୂର୍ବରୁ ବହୁତ ହଇରାଣ ହୋଇଛି ଏହାପରେ ମଧ୍ୟ ତୁମେ ମୋ କଟା ଘା'ରେ ଚୂନ ଲଗାଉଛ !

23. ଗୋଡ଼-ହାତ ଥରିବା | Goḍa hāta tharibā | To take to one's heels.

ପ୍ରୟୋଗ- ପୁଲିସ ଆସିବା ଯୋଗୁ ଚୋରର ଗୋଡ଼-ହାତ ଥରିଲା ।

24. ପ୍ରାଣ ଛାଡ଼ିଯିବା | Prāṇa Chhādijibā | To die.

ପ୍ରୟୋଗ- ପୁରୁଷୋତ୍ତମ ରାମଙ୍କ ବିୟୋଗରେ ରାଜା ଦଶରଥଙ୍କ ପ୍ରାଣ ଛାଡ଼ିଗଲା ।

25. ତେଲ ମାରିବା | Tela māribā | To flatter.

ପ୍ରୟୋଗ- ସଭାପତି ତେଲ ମାରି ବିପକ୍ଷ ନେତାମାନଙ୍କୁ ଫସାଇବାକୁ ଚେଷ୍ଟା କଲେ ।

26. ଦାନ୍ତ (ଟାଣ) ଭାଙ୍ଗିବା | Dānta Bhāngibā | To force out of gear.

ପ୍ରୟୋଗ- ଯୁଦ୍ଧରେ ଭାରତୀୟ ସେନା ପାକିସ୍ତାନୀ ସେନାକୁ ପରାସ୍ତ କଲା ।

27. ବୁକୁରେ ଲଗାଇବା | Bukure lagāibā | To embrace.

ପ୍ରୟୋଗ- ବହୁ ବର୍ଷରୁ ବିଚ୍ଛେଦ ହୋଇଥିବା ପୁଅକୁ ମା' ନିଜ ବୁକୁରେ ଲଗାଇଲା ।

28. ଗାତ ଖୋଳିବା | Gāta kholibā | To dig a pit.

ପ୍ରୟୋଗ- ଅମିତକୁ ଫସାଇବା ପାଇଁ ମୋହନ ନିଜ କୂଟନୀତିର ଗାତ ଖୋଳିଲା ।

29. ନାହିରେ ତେଲ ପକାଇ ଶୋଇବା | Nahire tela pakāi śoibā | Halka hona.

ପ୍ରୟୋଗ- ଝିଅ ସକୁଶଳ ଥିବା ଖବର ଶୁଣି ମାତା-ପିତା ନାହିରେ ତେଲ ପକାଇ ଶୋଇଲେ ।

30. ଜୀବନ ମୂର୍ଚ୍ଛା | Jīban mūrchhā | To try one's level best.

ପ୍ରୟୋଗ- ସେନାକୁ ସାମ୍ନା କରିବା ପାଇଁ ଜୀବନ ମୂର୍ଚ୍ଛା ପ୍ରସ୍ତୁତି କରିବାକୁ ହେବ ।

31. ଗୁଜୁରାଣ ମେଣ୍ଟିବା | Gujurāṇa menṭibā | To live in difficulty.

ପ୍ରୟୋଗ- ଆଜିକାର ମହଙ୍ଗା ବଜାରରେ ଗରିବ ଲୋକର ଗୁଜୁରାଣ ମେଣ୍ଟିବା କଷ୍ଟକର ହୋଇଯାଇଛି ।

32. ଲଗା ନା ପଘା | Lagā nā paghā | To roam aimlessly.

ପ୍ରୟୋଗ- କୌଣସି କାମଧନ୍ଦା କର, ଏମିତି କେତେଦିନ ଭାଁ ଭାଁ ହୋଇ ବୁଲିବୁ ।

33. ନିଆଁରେ ଘିଅ ପକାଇବା | Niāã re ghia pakāibā | To add fuel to the flames.

ପ୍ରୟୋଗ- ସେ ପୂର୍ବରୁ ରାଗରେ ଜର ଜର ଥିଲା, ତୁମ କଥା ଜଳନ୍ତା ନିଆଁରେ ଘିଅ ପକାଇବା କାମ କଲା ।

34. ମୁହଁ ଉପରେ ଜବାବ ଦେବା — Muhaã upare jabāb debā — To give a flat denial.

ପ୍ରୟୋଗ- ରାକେଶ ତାକୁ ସାହାଯ୍ୟ ମାଗିଲା କିନ୍ତୁ ସେ ମୁହଁ ଉପରେ ଜବାବ ଦେଇଦେଲା ।

35. ହାର୍ ମାନିବା — Hār mānibā — To acknowledge defeat.

ପ୍ରୟୋଗ- ଶେଷରେ ଇଂରେଜମାନଙ୍କୁ ହାର୍ ମାନିବାକୁ ପଡ଼ିଲା ।

36. ନିଦ ହଜିଯିବା — Nida hajijibā — To be anxious.

ପ୍ରୟୋଗ- ଚିନ୍ତା ଓ ହତାଶା ଯୋଗୁ ହରିଶର ନିଦ ହଜିଯାଇଥିଲା ।

37. ଦୀପ ଲିଭିଯିବା — Dīpa libhijibā — To die.

ପ୍ରୟୋଗ- ଡାକ୍ତର ପହଞ୍ଚିବା ପୂର୍ବରୁ ହିଁ ରୋଗୀର ଜୀବନ ଦୀପ ଲିଭିଗଲା ।

38. ସନ୍ଦେହ ଉପୁଜିବା — Sandeha upujibā — To be something wrong at the bottom.

ପ୍ରୟୋଗ- ପ୍ରତିଶ୍ରୁତି ଦେଇ ମଧ୍ୟ ସେ ନ ପହଞ୍ଚିବାରୁ ମୋର ସନ୍ଦେହ ଉପୁଜିଲା ।

39. ଲାଙ୍ଗୁଡ଼ ଜାକି ପଳାଇବା — Lānguda Jāki palāibā — To show a clean pair of heels.

ପ୍ରୟୋଗ- ଯୁଦ୍ଧ କ୍ଷେତ୍ରରୁ ଶତ୍ରୁପକ୍ଷ ଲାଙ୍ଗୁଡ଼ ଜାକି ପଳାଇଲା ।

40. ମୁଣ୍ଡ ଝାଳ ତୁଣ୍ଡରେ ମାରିବା — Munda jhāla tundare māribā — To run about.

ପ୍ରୟୋଗ- କୃଷ୍ଣ, ଭଉଣୀ ବାହାଘର ପାଇଁ ମୁଣ୍ଡ ଝାଳ ତୁଣ୍ଡରେ ମାରି ଉପଯୁକ୍ତ ବର ସନ୍ଧାନ କଲା ।

41. ପାଲିଙ୍କି ଉପରେ ପାଟଛତା — Pālinki upare pātachhatā — By leaps and bounds.

ପ୍ରୟୋଗ- ମନୋଜ ପାଲିଙ୍କି ଉପରେ ପାଟଛତା ଭଳି ଉନ୍ନତି କରୁଛି ।

42. ମାଟି କାମୁଡ଼େଇବା — Māti kāmudeibā — To vanquish.

ପ୍ରୟୋଗ- ଚନ୍ଦ୍ରଶେଖର ଆଜାଦ ଇଂରେଜମାନଙ୍କୁ ମାଟି କାମୁଡ଼େଇଥିଲେ ।

43. ମାଟିରେ ମିଶାଇବା — Māṭire miśāibā — To ruin.

ପ୍ରୟୋଗ- ସୁରେନ୍ଦ୍ର ପିତା-ମାତାଙ୍କ ଆଶାକୁ ମାଟିରେ ମିଶାଇଦେଲା ।

44. ଚମ୍ପଟ ମାରିବା — Champat māribā — To run away.

ପ୍ରୟୋଗ- ଚୋର ପକେଟ୍‌ମାର କରି ଚମ୍ପଟ ମାରିଲା ।

45. କୁଆ ଉଡ଼ିଗଲେ ଛୁଆ — Kuā udigale chhuā — To exaggerate a

ଉଡ଼ିଗଲା କହିବା udigalā kahibā thing.

ପ୍ରୟୋଗ- ଅନେକ ମହିଳା କଥାବାର୍ତ୍ତା ବେଳେ କୁଅ ଉଡ଼ିଗଲେ ଛୁଆ ଉଡ଼ିଗଲା କୁହନ୍ତି

46. ନିଦ ହଜିଯିବା Nida hajijibā To get no sleep.

ପ୍ରୟୋଗ- ଝିଅର ବିବାହ ଚିନ୍ତା ଯୋଗୁ ମାତା-ପିତାଙ୍କ ନିଦ ହଜିଯାଇଛି ।

47. ଅପମାନ ଦେବା Apamān debā To insult.

ପ୍ରୟୋଗ- ଆମର କାହାକୁ ଅପମାନ ଦେବା ଅଧିକାର ନାହିଁ ।

48. ରହସ୍ୟରୁ ପରଦା ଉଠାଇବା Rahasyaru pardā uṭhāibā To reveal a secret.

ପ୍ରୟୋଗ- ସେହି ବ୍ୟକ୍ତି ଜଣକ ଠିକ୍ ସମୟରେ ରହସ୍ୟରୁ ପରଦା ଉଠାଇଦେଲା, ନହେଲେ ନିର୍ଦ୍ଦୋଷ ଦଣ୍ଡ ପାଇଥାନ୍ତା ।

49. ଗୋପନୀୟ ରଖିବା Gopanīya rakhibā To conceal.

ପ୍ରୟୋଗ- ରାମ ବହୁବର୍ଷ ଧରି ଏହାକୁ ଗୋପନୀୟ ରଖିଥିଲା ।

50. ଲାଜରେ ଜଳିଯିବା Lajare jalijibā To be much ashamed.

ପ୍ରୟୋଗ- ଅନିଲର ମନ୍ଦ ଅଭ୍ୟାସର ଚର୍ଚ୍ଚା ଶୁଣି ତା' ବାପା ଲାଜରେ ଜଳିଗଲେ ।

51. ଭୂମିସାତ କରିବା Bhūmisāt karibā To destroy.

ପ୍ରୟୋଗ- କୁସଙ୍ଗତରେ ପଡ଼ି ପୁଅ ପିତା-ମାତାଙ୍କ ଆଶାକୁ ଭୂମିସାତ କରିଦେଲା ।

52. କୋହ ଫଟାଇ କାନ୍ଦିବା Koha Phaṭāi kāndibā To weep bitterly.

ପ୍ରୟୋଗ- ଭେଣ୍ଡିଆ ପୁଅର ଆକସ୍ମିକ ମୃତ୍ୟୁ ଖବର ଶୁଣି ମା' କୋହ ଫଟାଇ କାନ୍ଦିଲା ।

53. ଅତି ଆନନ୍ଦିତ ହେବା Ati ānandita hebā To be overjoyed.

ପ୍ରୟୋଗ- ପୁଅର ମହାନ୍ ସଫଳତାରେ ମାତା-ପିତା ଅତି ଆନନ୍ଦିତ ହେଉଥିଲେ ।

54. ଅଳ୍ପକେ ବର୍ତ୍ତିବା Alpake bartibā A narrow escape.

ପ୍ରୟୋଗ- କାର୍ ଦୁର୍ଘଟଣାରେ ସେ ଅଳ୍ପକେ ବର୍ତ୍ତିଗଲେ ।

55. ବାଟ ଚାହିଁବା Bāṭa chāhiābā To wait.

ପ୍ରୟୋଗ- ବିଳମ୍ବିତ ରାତି ପର୍ଯ୍ୟନ୍ତ ପତ୍ନୀ ନିଜ ପତିଙ୍କ ବାଟ ଚାହିଁ ରହିଥିଲେ ।

56. ସ୍ୱାର୍ଥପର ବନ୍ଧୁ Swārthapara bandhu Fair weather friend.

ପ୍ରୟୋଗ- ତୁମେ ସ୍ୱାର୍ଥପର ବନ୍ଧୁଙ୍କୁ ଚିହ୍ନ । ପ୍ରକୃତ ବନ୍ଧୁ ମିଳିବା କଷ୍ଟକର ।

57. ବାରଦୁଆର ଶୁଣ୍ଢିପିଣ୍ଡା ହେବା Bāraduāra śundhipindā hebā To roam about.

ପ୍ରୟୋଗ- ରମା ଚାକିରି ସନ୍ଧାନରେ ବାରଦୁଆର ଶୁଣ୍ଢିପିଣ୍ଡା ହେଉଛି ।

58. ପାଟିରୁ ଲାଳ ଗଡ଼ିବା Pāṭiru lāla gaḍibā To feel very greedy.

ପ୍ରୟୋଗ- ଅଙ୍ଗୁର ପେଡ଼ା ଦେଖି କୋକିଶିଆଳୀର ପାଟିରୁ ଲାଳ ଗଡ଼ିଲା ।

59.	ମାଛି ଘଉଡ଼ାଇବ	Māchhi ghauḍāibā	To remain idle.

ପ୍ରୟୋଗ- ଚାକିରି ଅଭାବରୁ ଯୁବଗୋଷ୍ଠୀ ମାଛି ଘଉଡ଼ାଉଛନ୍ତି ।

60.	ଦିବାସ୍ୱପ୍ନ ଦେଖିବା	Dibā swapna dekhibā	To make castles in the air.

ପ୍ରୟୋଗ- କୌଣସି ମହତ କାର୍ଯ୍ୟ କରି ଦେଖାଅ, ଦିବାସ୍ୱପ୍ନ ଦେଖିବାରେ ଲାଭ ନାହିଁ ।

61.	ପାଟିରୁ ଲାଳ ଗଡ଼ିବା	Pāṭiru lāla gaḍibā	The watering of the mouth.

ପ୍ରୟୋଗ- ଅଙ୍ଗୁର ପେଚ୍ଛା ଦେଖି କୋକିଶିଆଳୀର ପାଟିରୁ ଲାଳ ଗଡ଼ିଲା ।

62.	ଅଦୃଶ୍ୟ ହେବା	Adruśya hebā	To run away.

ପ୍ରୟୋଗ- ପୁଲିସକୁ ଦେଖିବା କ୍ଷଣି ପକେଟ୍‌ମାର୍ ଅଦୃଶ୍ୟ ହୋଇଗଲା ।

63.	ତିଳକୁ ତାଳ କରିବା	Tilaku tāla karibā	To make a mountain of a mole hill.

ପ୍ରୟୋଗ- ତୁମେ ମଧ୍ୟ ତା କଥାରେ ଭାସିଗଲ, ସେ ତ ତିଳକୁ ତାଳ କରିବାରେ ଅଭ୍ୟସ୍ତ ।

64.	ସ୍ୱୀକାର କରିବା	Swīkār karibā	To acknowledge.

ପ୍ରୟୋଗ- ଆଖପାଖ ରାଜ୍ୟର ସମସ୍ତ ରାଜା ସମ୍ରାଟଙ୍କୁ ସ୍ୱୀକାର କରୁଥିଲେ ।

65.	କଥା ଦେବା	Kathā debā	To promise.

ପ୍ରୟୋଗ- ସେ ମୋତେ କଥା ଦେଇଥିଲା ଯେ ସେ ସର୍ବଦା ମୋ ସାଥିରେ ରହିବ ।

66.	ବାହାଦୂରୀ ଗପିବା	Bāhādūrī gapibā	To talk big.

ପ୍ରୟୋଗ- ସେ ନିଜକୁ ମହାନ୍ ଭାବେ, ସବୁବେଳେ ବାହାଦୂରୀ ଗପେ ।

67.	ସାମ୍ନା କରିବା	Sāmnā karibā	To face.

ପ୍ରୟୋଗ- ମୁଁ ପ୍ରତ୍ୟେକ ସମସ୍ୟାକୁ ଧୈର୍ଯ୍ୟର ସହ ସାମ୍ନା କରିଥାଏ ।

68.	ସର୍ବେସର୍ବା ହେବା	Sarbe-sarbā hebā	To be all in all.

ପ୍ରୟୋଗ- ଶ୍ରୀ ବିଶ୍ୱନାଥ ଏହି ସଂସ୍ଥାର ସର୍ବେସର୍ବା ଅଟନ୍ତି ।

69.	ଜୀବନ ନେଇ ଦୌଡ଼ିବା	jīban nei douḍibā	To take to one's heels.

ପ୍ରୟୋଗ- ଜୁଆଡ଼ିମାନେ ପୁଲିସ ଆସୁଥିବା ଦେଖି ଜୀବନ ନେଇ ଦୌଡ଼ି ପଳାଇଲେ ।

70.	ଆତ୍ମସମର୍ପଣ କରିବା	ātmasamarpaṇa karibā	To surrrender.

ପ୍ରୟୋଗ- ଚୋରମାନେ ପୁଲିସ ସାମ୍ନାରେ ଆତ୍ମସମର୍ପଣ କଲେ ।

71.	ହାତ ବାନ୍ଧି ବସିବା	Hāta bāndhi basibā	To sit idly.

ପ୍ରୟୋଗ- ଏହିଭଳି କେତେଦିନ ହାତ ବାନ୍ଧି ବସିବୁ । କିଛି କାମଧନ୍ଦା କର ।

72. ଚେଷ୍ଟା କରିବା — Cheṣṭā karibā — To make efforts.

ପ୍ରୟୋଗ- ମୁଁ ତୁମକୁ ପାଇବା ପାଇଁ ବହୁତ ଚେଷ୍ଟା କରିଛି ।

73. ହାତଛଡ଼ା କରିବା — Hātachhaḍā karibā — Give up.

ପ୍ରୟୋଗ- କାର୍ଯ୍ୟକୁ ଠିକ୍ ଭାବେ ଆୟ କର, ନହେଲେ ଏ ସବୁକୁ ହାତଛଡ଼ା କରିବ ।

74. ପଶ୍ଚାତାପ କରିବା — Paśchātāp karibā — To repent.

ପ୍ରୟୋଗ- ଏବେଠାରୁ ସତର୍କ ହୁଅ ନହେଲେ ପଛରେ ପଶ୍ଚାତାପ କରିବ ।

75. କୁହୁଡ଼ି ପହଁରିବା — Kuhuḍi pahaãribā — To build castles in the air.

ପ୍ରୟୋଗ- କୁହୁଡ଼ି ପହଁରିବାରେ ଲାଭ କ'ଣ, କିଛି କରିକି ଦେଖାଇଲେ ଜଣାଯିବ ।

PROVERBS ଲୋକକଥା

1.	ଅପାଳକ ରାଇଜରେ ବିଜୁଳି ଲକ୍ଷେଟଙ୍କା ।	Apālaka rāijare bijuli lakheṭankā	Among the blind the one-eyed is king.
2.	ଫମ୍ପା ମାଠିଆର ଶବ୍ଦ ଅଧିକ ।	Phampā māṭhiāra śabda adhika.	Empty vessels make the most noise.
3.	ଆପେ ବଞ୍ଚିଲେ ବାପର ନାଁ ।	āpe banchile bāpara nāã.	If one is good, the world is good.
4.	ନିବାରଣ ଠାରୁ ନିରାକରଣ ଭଲ ।	Nibāraṇa ṭhāru nirākaraṇa bhala.	Prevention is better than cure.
5.	ତରତରରେ କାମ ଖରାପ	Taratara re kāma kharāp	Hurry spoils curry
6.	ଗୋଟିଏ ଗୁଳିରେ ଦୁଇଟି ଶିକାର	Gotie gulire duiṭi śikār	To kill two birds with one stone.
7.	କାମ ଭଲ ତ ନିଜେ ଭଲ	Kāma bhala ta nije bhala.	Handsome is that handsome does.
8.	ଦୀପ ତଳ ଅନ୍ଧାର ।	Dīpa tala andhār.	Nearer the church further from heaven.
9.	ଜୀବ ଥିଲେ ଲୋଭ ଅଛି ।	Jība thile lobha achhi.	While there is life there's hope.
10.	ଫୁଲ ଥିଲେ କଣ୍ଟା ଅଛି ।	Phula thile kanṭā achhi.	Where there are flowers, there are thorns.
11.	ଜୋର୍ ଯା'ର ମୁଲକ ତା'ର	Jor jāra mulaka tāra.	Might is right.

12. ଯାହାର କଷ୍ଟ ସେ ଜାଣେ	Jāhāra kaṣta se jāṇe	The wearer best knows where the shoe pinches.
13. ଯେପରି ରାଜା ସେପରି ପ୍ରଜା	Jepari rājā separi prajā.	As the king so are the subjects.
14. ଯେ ଦେଶ ଯାଇ ସେ ଫଳ ଖାଇ ।	Je deśa jāi se phala khāi.	Be a Roman when you are in Rome.
15. ଭୁକିଲା କୁକୁର କାମୁଡ଼େ ନାହିଁ ।	Bhukilā kukura kāmuḍe nāhiã.	Barking dogs seldom bite.
16. ଛୋଟ ସାପର ବିଷ ବେଶୀ	Chhota sāpara biṣa beśī.	A little pot is soon bāje ghanā. hot.
17. କଣ୍ଟାକୁ କଣ୍ଟାରେ କଢ଼ାଯାଏ ।	Kanṭāku kanṭāre kaḍhājāe.	Money begets money.
18. ନାହିଁ ମାମୁଁ ଠାରୁ କଣା ମାମୁଁ ଭଲ	Nāhiã māmuã thāru kaṇā māmuã bhala.	A bird in hand is better than two in the bush.
19. ଚାଲି ନଜାଣି ବାଟର ଦୋଷ ।	Chāli najāṇi bāṭara doṣa.	A bad workman blames the tools.
20. ଅଳ୍ପ ବିଦ୍ୟା ଭୟଙ୍କର ।	Alpa bidyā bhayankar.	A little knowledge is a dangerous thing.
21. ପାଣିରେ ରହି କୁମ୍ଭୀର ସହ ଶତ୍ରୁତା ।	Pāṇire rhi kumbhīra saha śatrutā.	To live in Rome and strife with the Pope.
22. କଷ୍ଟ କଲେ କୃଷ୍ଣ ମିଳେ ।	Kaṣṭa kale kruṣna mile.	No pain, no gain.
23. ଏଣ୍ଡୁଅ ଦଉଡ଼ କିଆ ବୁଦାକୁ	Endua dauḍa kiā budāku.	The priest goes no further than the church.
24. ବିଷକୁ ବିଷ କାଟେ	Biṣaku biṣa kāte.	Diamond cuts diamond.
25. ସବ୍‌ସେ ଭଲା ଚୁପ୍	Sabse bhalā chup.	Silence is golden.

•••

ODIA-ENGLISH DICTIONARY

ଓଡ଼ିଆ-ଇଂରାଜୀ ଶବ୍ଦକୋଶ

Classified Glossary

ବର୍ଗୀକୃତ ଶବ୍ଦ ସୂଚୀ

1. Relations ସମ୍ପର୍କୀୟ

କକା	Uncle
ଖୁଡ଼ି	Aunt
ଜ (ନଣନ୍ଦ)	Sister-in-law
ଜେଜେ	Grandfather
ଜେଜେ ମା	Grandmother
ଜ୍ୱାଇଁ	Son-in-law
ଅଜା	Grandfather (Maternal)
ଆଈ	Grandmother (Maternal)
ସ୍ୱାମୀ	Husband
ସ୍ତ୍ରୀ	Wife
ପିତା	Father
ପୁତ୍ର	Son
ପୁତ୍ରବଧୂ	Daughter-in-law
ଝିଅ	Daughter
ଭଉଣୀ	Sister
ପୁତୁରା	Nephew
ଝିଆରୀ	Niece
ଭାଇ	Brother
ଭଣଜା	Nephew
ଭାଣିଜୀ	Niece
ମା'	Mother
ମାମୁ	Uncle (Maternal)
ମାଇଁ	Aunt (Maternal)
ମାଉସୀ	Mother's sister
ଶ୍ୱଶୁର	Father-in-law
ଶାଶୁ	Mother-in-law
ସାବତ ମା'	Step-mother

2. Domestic Articles

ଘରୋଇ ସରଞ୍ଜାମ

ଆଲମାରୀ	Almirah
ଚେୟାର	Chair
କଇଁଚି	Scissors
ଗିଲାସ	Glass
ସପ	Mat
ଚାମଚ	Spoon
ଚାବି	Key
ଖଟ	Bed
ଚୂଲା	Stove
ଛତା	Umbrella
ଝୁଡ଼ି	Basket
ତାଲା	Lock
ଥାଳି	Plate
ବାକ୍ସ	Box
ବାସନ	Pot
ବାଲ୍ଟି	Bucket
ଟେବୁଲ୍	Table
ମହମବତୀ	Candle
ସିନ୍ଦୁକ	Box
ସାବୁନ	Soap
ଛୁଞ୍ଚି	Needle
ହାତୁଡ଼ି	Hammer

3. Stationery
ଲେଖାପଢ଼ା ସାମଗ୍ରୀ

ଖବରକାଗଜ	Newspaper
ଆଲ୍‌ପିନ୍	Pin
କଲମ	Pen
କାଗଜ	Paper
ଡାକ ଟିକଟ	Postage stamp
ତାର	Wire
ସ୍ୟାହି ଦୁଆତ	Inkpot
କାର୍ବନ୍ କାଗଜ	Carbon paper
ନକଲ କରିବା	Copying
ପେନ୍‌ସିଲ	pencil
ନକ୍ସା	Map
ବୃତ୍ତ ଆଙ୍କିବା ଯନ୍ତ୍ର	Divider
ପେନ୍‌ସିଲ	Pencil
ପୋଷ୍ଟକାର୍ଡ	Postcard
ଫାଇଲ୍	File
ଫିତା	Tape
ମୋହର	Seal
ରବର	Eraser
ରବର ମୋହର	Rubber stamp
ଅନାବନା କାଗଜ	Waste-paper
ଝୁଡ଼ି	basket
ଲଫାପା	Envelope
ସ୍ୟାହି	Ink
ବ୍ଲଟିଙ୍ଗ୍ କାଗଜ	Blotting paper

4. Parts of the body
ଶରୀରର ଅଙ୍ଗ

ଆଙ୍ଗୁଳି (ଗୋଡ଼)	Toe
ଆଙ୍ଗୁଳି (ହାତ)	Finger
ବୁଢ଼ା ଆଙ୍ଗୁଳି (ହାତ)	Thumb
ଆଖି	Eye
ଓଠ	Lip
ଗୋଇଠି	Heel
କାନ୍ଧ	Shoulder
ଅଣ୍ଟା	Waist
କାନ	Ear
ଖପୁରୀ	Skull
ବେକ	Neck
ଗଳା	Throat
ଗାଲ	Cheek
ଆଣ୍ଠୁ	Knee
ଚମଡ଼ା (ତ୍ୱଚା)	Skin
ମୁଖମଣ୍ଡଳ	Face
ଛାତି (ପୁରୁଷ)	Chest
ଛାତି (ମହିଳା)	Breast
ଜଙ୍ଘ	Thigh
ଜିଭ	Tongue
ଥୋଡ଼ି	Chin
ଦାଢ଼ି	Beard
ଦାନ୍ତ	Tooth
ମସ୍ତିଷ୍କ	Brain
ନାଡ଼ି	Vein
ନାକ	Nose
ପିଠି	Back
ପେଟ	Stomach
ମାଂସପେଶୀ	Muscle
ପାଦ	Foot
ଫୁସ୍‌ଫୁସ୍	Lung
କେଶ (ବାଳ)	Hair
ମାଢ଼ି	Gum
ପାଟି	Mouth
ମେରୁଦଣ୍ଡ	Backbone
ହାଡ଼	Bone
ପାପୁଲି	Palm
ହୃଦୟ	Heart

5. Ailments ରୋଗ

କୁଷ୍ଠ ରୋଗ	Leprosy
କୋଷ୍ଠବଦ୍ଧତା	Constipation
କାଶ	Cough

ଗଣ୍ଠିବାତ Rheumatism
ଆବୁ Tumour
ମୂକ Dumb
ମୁଣ୍ଡବୁଲା ରୋଗ Giddiness
ଛିଙ୍କ Sneeze
ଜ୍ୱର Fever
ଶ୍ୱାସରୋଗ Asthma
ଦାଦୁ Ringworm
ପଥର Stone
ଝାଳ Sweat
ପାଗଳାମି Insanity
ପୂଯ Pus
କାମଳ ରୋଗ Jaundice
ଆମାଶୟ(ନାକଝାଡ଼ା) Dysentery
ଶ୍ୱେତ ପ୍ରଦର Leucorrhoea
ବଥ Boil
କଫ Phelgm
ଅର୍ଶରୋଗ Piles
ବହୁମୂତ୍ର ରୋଗ Diabetes
ଜ୍ୱର Fever
ଭୋକ Hunger
ମୂତ୍ର Urine
ମୋଟାପଣ Fatness
ମୋତିଆ ବିନ୍ଦୁ Cataract
ରକ୍ତହୀନତା Anaemia
ପକ୍ଷାଘାତ Paralysis
ବିଷ୍ଠା (ମଳ) Stool
ବସନ୍ତ ରୋଗ Small-pox
ମୁଣ୍ଡବିନ୍ଧା Headache
ଜଳାପୋଡ଼ା (ଫୁଲା) Swelling
ହଇଜା Cholera

6. Clothes & Wearing
ବସ୍ତ୍ର ଏବଂ ପରିଧାନ

ଗାମୁଛା Napkin
ଶାର୍ଟ Shirt
କମ୍ବଳ Blanket
କୋଟ Coat
ଚାଦର Sheet
ପକେଟ୍ Pocket
ତଉଲିଆ Towel
ହସ୍ତାବରଣ Gloves
ଶାଲ Shawl
ପ୍ୟାଣ୍ଟ Pant
ପାଇଜାମା Trousers
ବୋତାମ Button
ତୁଳା Cotton
ରେଶମ Silk
ଗାଉନ୍ Gown
ଘାଗରା Petticoat
ପଗଡ଼ି Turban

7. Ornaments ଆଭୂଷଣ

ମୁଦି Ring
କଙ୍କଣ Bracelet
କଡ଼ା Bangle
ଚୁଡ଼ି Bangle
ମାଳା Garland
ପୋହଳା Coral
ମୋତି Pearl
ହୀରା Diamond

8. Flowers, Fruits & Vegetables
ଫୁଲ, ଫଳ ଏବଂ ପନିପରିବା

ଆମ୍ବ Mango
ଆଳୁ Potato
ଅଙ୍ଗୁର Grape
ଡିମିରି Fig
ଆଖୁ Sugarcane
ପଦ୍ମ Lotus
ବୋଇତିକଖାରୁ Pumpkin
କଦଳୀ Banana

ଖଜୁରୀ	Date
ଗାଜର	Carrot
ଗୋଲାପ	Rose
ଘାସ	Grass
ଜାମୁକୋଳି	Blackberry
ତରଭୁଜ	Watermelon
ନଡ଼ିଆ	Coconut
କମଳା	Orange
ଲେମ୍ବୁ	Lemon
ଅମୃତଭଣ୍ଡା	Papaya
ପୋଦିନାପତ୍ର	Mint
ଗଛ	Plant
ପିଆଜ	Onion
ଫୁଲକୋବି	Cauliflower
ବନ୍ଧାକୋବି	Cabbage
ବରକୋଳି	Plum
ବାଇଗଣ	Brinjal
ଲଙ୍କା	Chilli
ଚିନାବାଦାମ	Groundnut
ମୂଳା	Radish
ରସୁଣ	Garlic
ସେଓ	Apple

9. Minerals ଖଣିଜ ପଦାର୍ଥ

କୋଇଲା	Coal
ଚାନ୍ଦି	Silver
ତମ୍ବା	Copper
ପାରଦ	Mercury
ପିତଳ	Brass
ଟିଣ	Tin
ସୀସା	Lead
ଲୁହା	Iron

10. Cereals & Eatables ଅନ୍ନ ଓ ଖାଦ୍ୟ ପଦାର୍ଥ

ଅଟା	Cornflour
କଫି	Coffee
ଗହମ	Wheat
ଚଣା	Gram
ରୁଟି	Cake
ଚା	Tea
ଚିନି	Sugar
ଯଅ	Barley
ତେଲ	Oil
ଦହି	Curd
ଡାଲି	Pulse
ଦୁଧ	Milk
ଛେନା	Cheese
ମକା	Maize
ଭୋଜନ	Food
ମଖନ	Butter
ସର	Cream
ମାଂସ	Meat
ମିଠାଇ	Sweets
ମୋରବା	Jam
ମଇଦା	Fine flour
ରୁଟି	Bread
ଗୁଡ଼	Loaf-sugar
ମଦ	Wine
ମହୁ	Honey

11. Occupations ବ୍ୟବସାୟ

ଶିକ୍ଷକ	Teacher
କାରିଗର	Artisan
କଳାକାର	Artist
କୃଷକ	Farmer
କୋଷାଧକ୍ଷ	Treasurer
ମୋଚି	Shoe-maker
ଅଳଙ୍କାର ବ୍ୟବସାୟୀ	Jeweller
ତନ୍ତୀ	Weaver
କଂସାରୀ	Brasier
ଡାକବାଲା	Postman
ଡାକ୍ତର	Doctor

ତେଲୀ	Oilman
ଦର୍ଜି	Tailor
ଦନ୍ତ ଚିକିତ୍ସକ	Dentist
ଦୋକାନୀ	Shopkeeper
ଧୋବା	Washerman
ଚୌକିଦାର	Watchman
ବୁଲାବିକାଳି	Hawker
ବଢ଼େଇ	Carpenter
ଭିକାରୀ	Beggar
ଧୀବର	Fisherman
ନାଉରିଆ	Boatman
ମାଳୀ	Gardener
ଗୁମାସ୍ତା (କିରାନି)	Clerk
ଝାଡୁଦାର	Sweeper
କୋଷାଧକ୍ଷ	Cashier
ରଞ୍ଜକ	Dyer
ଲେଖକ	Writer
ବଇଦ	Physician
ବଣିଆ	Goldsmith
ସମ୍ପାଦକ	Editor
ଗୁଡ଼ିଆ	Confectioner

12. Animals ପଶୁ

ଓଟ	Camel
କୁକୁର	Dog
ଠେକୁଆ	Rabbit
ଗଧ	Donkey
ଗାଈ	Cow
ଘୋଡ଼ା	Horse
ମୂଷା	Mouse
ଲାଞ୍ଜ	Tail
ପଶୁ	Beast
ପଶୁର ନଖ	Claw
କୁକୁରଛୁଆ	Puppy
ଅଣ୍ଡିରା ଛେଳି	He-goat
ମାଈ ଛେଳି	She-goat
ବାଛୁରୀ	Calf
ବିରାଡ଼ି	Cat
ମାଙ୍କଡ଼	Monkey
ବଳଦ	Ox
ଭାଲୁ	Bear
ମେଣ୍ଢା	Sheep
ମେଣ୍ଢାଛୁଆ	Lamb
କୋକିଶିଆଳୀ	Fox
ଷଣ୍ଢ	Bull
ଶିଆଳ	Jackal
ସିଂହ	Lion
ଘୁଷୁରୀ	Pig
ହରିଣ	Deer
ହାତୀ	Elephant

13. Birds ପକ୍ଷୀ

ଅଣ୍ଡା	Egg
ପେଚା	Owl
ପାରା	Pigeon
କୋଇଲି	Cuckoo
କାଉ	Crow
ଇଗଲ	Eagle
ଘରଚଟିଆ	Sparrow
ପକ୍ଷୀବସା	Nest
ବାଦୁଡ଼ି	Bat
ଚିଲ	Kite
ଥଣ୍ଟ	Beak
ଡେଣା	Wing
ପିଞ୍ଜରା	Cage
ବୁଲବୁଲ	Nightingale
କୁକୁଡ଼ା (ଗଞ୍ଜା)	Cock
ମାଈ କୁକୁଡ଼ା	Hen
ମୟୂର	Peacock
ସାରସ ପକ୍ଷୀ	Crane
ରାଜହଂସ	Swan

•••

SOME IMPORTANT ODIA VERBS
କିଛି ପ୍ରମୁଖ ଓଡ଼ିଆ କ୍ରିୟା

ବ୍ୟସ୍ତ ହେବା	to feel uneasy	ଓଲଟିବା	to overturn
ଅଟକିବା	to be held up	ଘୁମାଇବା	to doze
ଅଳସ ଲାଗିବା	to feel lazy	ଠକିବା	to twist
ଆସିବା	to come	ଘୋଡ଼େଇହେବା	to cover the body
ଫୁଟାଣି	to behave in	ଘଡ଼ଘଡ଼ି ମାରିବା	to crackle
ଦେଖାଇବା	self conceited	କାଟିବା	to cut
	manner	ରୋଜଗାର କରିବା	to earn
ପ୍ରବର୍ତ୍ତାଇବା	to provoke	କରିବା	to do
ଓପାଡ଼ିବା	to be dislocated	ବାନ୍ଧିବା	to tighten
ବିନଷ୍ଟ କରିବା	to dislocate	କହିବା	to say
ଅଙ୍କୁରିତ ହେବା	to grow	ଥରିବା	to tremble
ବାନ୍ତି କରିବା	to talk out	ଚିମୁଟା	to pinch
ମନ ମଳିନ	to withdraw from	ଖାଇବା	to eat
ପଡ଼ିଯିବା		ଚିଡ଼ାଇବା	to tease
ଡେଇଁବା	to jump	ଖେଳିବା	to play
ଉଜୁଡ଼ିବା	to be ruined	ହରାଇବା	to waste
ଉଜାଡ଼ିବା	to ruin	ଗାଇବା	to sing
ଉଠିବା	to raise	ଗଣିବା	to count
ଉଠାଇବା	to lift up	ପଡ଼ିବା	to fall
ଉଡ଼ାଇବା	to fly	ପକାଇବା	to cause to fall
ଓହ୍ଲାଇବା	to get down	ଅଗ୍ରସର ହେବା	to pass
କାଢ଼ିଦେବା	to unload	ରାଗରେ ଗର୍ଜିବା	to growl
ଅଲଗା କରିବା	to unsew	ପ୍ରବେଶ କରିବା	to enter
ଫୁଲିବା	to bulge out	ଘୂରିବା	to wander
ଉଛୁଳି ପଡ଼ିବା	to overflow	ଘେରିବା	to encircle
ଅଡୁଆରେ ପଡ଼ିବା	to be entangled	ଗୋଳିବା	to dissolve

ମୁଣ୍ଡ ଘୂରେଇବା	to feel dizzy
ଚାଖିବା	to taste
ଚଢ଼ିବା	to rise
ଚାଲିବା	to walk
ଝଟକିବା	to shine
ଚାଟିବା	to lick
ଇଚ୍ଛା କରିବା	to wish
ଚୋରି କରିବା	to steal
ଝାମ୍ପିନେବା	to snatch
ମୁକ୍ତ କରିବା	to get released
ଯିବା	to go
ଜାଣିବା	to know
ଜିତିବା	to win
ଚାଷ କରିବା	to plough
ଝଗଡ଼ା କରିବା	to quarrel
ଝୁଲିବା	to swing
ବୁଲିବା	to stroll
ଟାଳିବା	to postpone
ପକାଇବା	to put in
ଢାଙ୍କିବା	to cover
ଆକାଂକ୍ଷା କରିବା	to long for
ଅନୁମାନ କରିବା	to guess
ଭାଙ୍ଗିବା	to break
ଅଟକିବା	to stop
ଦୌଡ଼ିବା	to run
ଧିକ୍କାର କରିବା	to curse
ବାହାର କରିବା	to take out
ପୋଷଣ କରିବା	to maintain
ଅନୁଗମନ କରିବା	to carry on
ଧରିବା	to catch
ହଜମ ହେବା	to be digested
ତଳେ ଫୋପାଡ଼ିବା	to throw down
ପଢ଼ିବା	to read
ପଦାର୍ପଣ କରିବା	to arrive

ପିନ୍ଧିବା	to wear
ଲାଳନ ପାଳନ କରିବା	to bring up
ପିଟିବା	to beat
ପେଷିବା	to grind
ଡାକିବା	to call
ପ୍ରବେଶ କରିବା	to enter
ପୋଛିବା	to wipe
ଅଡୁଆରେ ପଡ଼ିବା	to be entrapped
ଭର୍ତ୍ସନା କରିବା	to rebuke
ଚିରିବା	to tear
ଭ୍ରମଣ କରିବା	to go round
ଫୁଲିବା	to swell
ଫୋପାଡ଼ିବା	to throw
ବାଜେ କଥା କହିବା	to chatter
ବଢ଼େଇବା	to increase
ଜଣାଇବା	to tell
ବଦଳାଇବା	to change
ତିଆରି କରିବା	to make
ବରଷିବା	to rain
ବିଗାଡ଼ିବା	to spoil
ବସିବା	to sit
କହିବା	to speak
ହୁରୁଡାଇବା	to get out
ଧାଇଁବା	to run
ମାଗିବା	to demand
ବଦଳାଇବା	to turn
ରଖିବା	to put
ନିର୍ମାଣ କରିବା	to make
ଘୋଷିବା	to memorize
ବସବାସ କରିବା	to live
ଅଟକାଇବା	to stop
ମନେହେବା	to appear

ନିୟୋଜିତ କରିବା	to engage
ଝୁଲିବା	to hang
ଗୁଡ଼ାଇବା	to fold
ଲଙ୍ଘିବା	to cross
ଲଦିବା	to load
ଲେଖିବା	to write
ନେବା	to get
ଫେରାଇବା	to return
ତ୍ୟାଗ କରିବା	to sacrifice
ବିଚାର କରିବା	to think
ଯୋଗାଡ଼ କରିବା	to arrange
ସଜାଇବା	to decorate
ଖତରା ହେବା	to decay
ପାଣି ମଡ଼ାଇବା	to irrigate
ଶିଖିବା	to learn
ସିଲେଇ କରିବା	to stitch
ଶୁଣିବା	to hear
ଶୁଖିବା	to dry up
ବୁଦ୍ଧି ଜୁଟିବା	to occur to one's mind
ଅର୍ପଣ କରିବା	to hand over
ହସିବା	to laugh
ହସାଇବା	to amuse
ଜିଭ ଲାଗିବା	to stammer
ଗ୍ରାସ କରିବା	to swallow
ହାତେଇବା	to seize
ଦୀର୍ଘ ନିଃଶ୍ୱାସ ନେବା	to pant
ହାରିବା	to lose
ହଲିବା	to be moved
ଦେଖାଯିବା	to be seen
ଦେଖିବା	to see
ଦୋହରାଇବା	to revise

•••